U0143741

Nonviolent Communication
A Language of Life
(3ʳᵈ Edition)

非暴力溝通
愛的語言

—— 全新增訂版 ——

馬歇爾・盧森堡博士 **Marshall B. Rosenberg, Ph.D.** 著　　蕭寶森 譯

Nonviolent Communication

A Language of Life

(3rd Edition)

By Marshall B. Rosenberg, PhD

Translated by Pao-Sen Hsiao

Translated from the book **Nonviolent Communication: A Language of Life 3rd Edition, ISBN 13 / 10: 9781892005281 / 189200528X** by **Marshall B. Rosenberg**. Copyright © **Fall 2015** PuddleDancer Press, published by PuddleDancer Press. All rights reserved. Used with permission. For further information about Nonviolent Communication$^{(TM)}$ please visit the Center for Nonviolent Communication on the Web at: www.cnvc.org.

有關非暴力溝通的評論

事業：

「盧森堡博士所教導的非暴力溝通原則，有助我們創造不同凡響、令人滿意的人生。

他告訴我們成功的溝通其實並不難。無論面對什麼樣的問題，他的溝通策略將會使你戰無不勝、攻無不克。」

——東尼‧羅賓斯（Tony Robbins），《喚醒心中的巨人》（*Awaken the Giant Within*）和《無窮的力量》（*Unlimited Power*）的作者

「多虧『微軟』執行長薩提雅‧納德拉（Satya Nadella）的推薦，我才有機會讀到這本書。書中提出了一個簡單的方法並舉了許多實例，教我們如何同理他人的感受並與他們連結，使我們不再一味批判別人說了些什麼，而是去了解他們的話語背後所隱藏的需要、感受和情緒。我大力推薦這本書。」

——網路評論家

「我喜愛這本書，已經把它推薦給好幾位同事。從前，我往往會很直率地評論屬下的工作表現，因此傷到他們，於是有位明師便推薦我看這本書。它讓我得以不再批判別人，而是把心思放在自己想要達成的結果上。這本書讀起來並不太花時間，而且我每次要進行棘手的會談時都可以拿來參考，非常方便。」

——網路評論家

「我曾經在一個不太健全的場所工作得很痛苦，但這本書改變了我的生命。我從中學到了一些需要的技巧，得以贏得同事

的敬重並提升自己的工作效率。凡是必須和別人共事和生活的人，我都很推薦他們閱讀這本書。」

——網路評論家

溝通：

「《非暴力溝通》能夠改變這個世界。更重要的是，它能改變你的生活。我極度推薦這本書。」

——傑克・坎菲爾（Jack Canfield），
《心靈雞湯》系列叢書的作者

「你會在這本書中學到一種極其有效的語言，讓你得以說出自己的想法和感受。它就像許多簡潔巧妙、不可或缺的方法，看起來很簡單，在盛怒時運用起來有些難度，但效果非常強大。」

——薇姬・羅賓（Vicki Robin），《富足人生：要錢還是要命》
（*Your Money or Your Life*）的作者

「非暴力溝通讓我們得以透過對話增進人與人之間的連結、理解和善意，適用於生活中各個領域，包括親密關係、事業、國際關係以及我們與自己的關係。（我們要當自己最好的朋友，還是不斷抨擊自己？）自從學習非暴力溝通並開始應用，我的生活在各方面都變得更加充實。」

——網路評論家

「令人讚嘆的書。同理心、積極的聆聽、善意。本書有助於提高生活品質，增進你和同事、朋友與家人的關係。」

——網路評論家

「這可能是我這輩子讀過的對我幫助最大的一本書，而且

我大概已經重讀十次了。」

「這本書改變了我的生命,這是其他書不曾做到的。它讓我重新思考:我是誰?我要如何向世人呈現自己?」

「在我讀過的關於溝通的書籍中,這本書講得最清楚明白、最容易理解,也最具有洞見。它讀起來毫不費力,書中還舉了許多很棒的例子,要我們付諸實行。對所有人來說,這本書都是一份不折不扣的禮物。」

「非暴力溝通的語言深具啟發性,極其簡單但也非常困難。如果能加以運用,將可以改變自己的人生,讓自己的思維更加清明,人際關係也得以改善。」

「如果希望別人聽得懂你說的話,也希望能了解親近的人話語中真正的含意,就該讀這本書!它會改變你的生命。」

化解衝突:

「『非暴力溝通』將會是你學到的最有用的方法之一。」
　　——威廉·尤瑞(William Ury),《哈佛這樣教談判力》
（*Getting to Yes*）的作者

「在這本書中,你將學到一些很簡單的方法,可以用來化解

爭議，並和家人、朋友以及其他人士建立善意的連結。」

  ——約翰·葛雷（John Gray），《男女大不同》（*Men Are From Mars, Women Are From Venus*）的作者

  「這本書讓我們得以跳脫『誰是誰非、誰對誰錯』的衝突模式，認清一個事實：人們的所作所為都是為了滿足自身的需要。大家都沒有錯。只要能想出一些策略來滿足彼此的需要，就可以化解衝突。」

  ——網路評論家

  「盧森堡的論點在本質上就像諾姆·喬姆斯基（Noam Chomsky）一般激進。他顛覆了當今社會將人區分為孩童／成人、心智健全者／精神錯亂者、犯罪者／執法者的權力架構，並將使用『武力』的行為區分為『懲罰性的強制力』與『保護性的強制力』。凡是負責制定外交政策或在街頭執法的員警，都應該看看這本書。」

  ——D. 季里安（D. Killian），克里夫蘭自由時報的記者

  「在這個充滿粗暴的對話和惡意煽動性言論的時代，非暴力溝通的理念和做法就像一場及時雨。如果我們想以和平的方式解決個人、群眾、國內或國際的衝突，就有必要加以應用。」

  ——Taylor's Shelf 網站中西部書評

  「盧森堡在書中指出，在許多衝突情境中，『敵對』的雙方只要能夠聽出彼此的需要，就能建立善意的連結，並找出新的方法解決之前看似『無解』的僵局。如果想學習說話的技巧，我非常推薦你閱讀這本又清楚又好讀的書。」

  ——黛安娜·萊恩（Diana Lion），佛教徒和平組織（Buddhist

Peace Fellowship），《轉法輪雜誌》（*Turning Wheel Magazine*）

「這無疑是我讀過最棒的一本書。我把書中的概念都運用在我所帶領的家庭暴力干預計畫和怒氣管理課程中。在課堂上介紹這些概念時，學員都很喜歡。如果你想找一個更健康的方式來和別人溝通並與他們建立連結，我很推薦你閱讀這本書。」

——網路評論家

「這本書極其精準地分析了溝通的各項基本元素，可以幫助我們化解因信仰、態度和期望的不同而引發的混亂與衝突。盧森堡曾說：『我們用來罵人的字眼，往往多於清楚描述自己情緒狀態的字眼。』人們在面臨衝突時，通常情緒很滿，這時他們如果無法精準描述自己的感受及其成因，就會像是一艘航行於驚濤駭浪中卻無人掌舵的船，在大海上顛簸搖晃，船帆也會被暴風吹毀。雙方都會受傷，彼此的關係也會擱淺。」

——拉雪爾・藍姆（Rachelle Lamb），非暴力溝通講師

教育：

「盧森堡舉出了一些極具說服力的實例，讓非暴力溝通變得生動鮮活。我指導的那些大學生（尤其是年紀較大者）告訴我：他們的生命因為讀了這本書而有所不同。我自己也試著在和別人互動、開會及上課時練習這些步驟，效果很好。」

——網路評論家

「這本書應該是高中生或大學生必備的讀物。它教我們如何說出自己真正的需要。書中的技巧非常珍貴而實用，是一本不

容錯過的好書。」

健康／療癒／自我照顧：

「盧森堡提供了可以極其有效地促進身心健康與人際關係的工具。『非暴力溝通』讓人們的靈魂得以彼此連結，具有強大的療癒效果。這是我們的生活中欠缺的一個元素。」

「我原本以為這本書談的是與人往來的技巧，但後來竟然發現它讓我明白了我和自己溝通（內心的自我對話）的模式。現在我已經對自己比較好，比較能體諒自己了。這意味著：我也開始對別人比較好，比較能體諒他們了！」

「要有良好的情緒智商，就必須具備同理心。如果你想增進同理心，《非暴力溝通》是最優良的指南。」

「『當我們對自己殘忍時，就很難真正對他人懷抱善意。』我很喜歡這一章，因為它讓我得以停止自我批判，並開始說出自己那些沒有得到滿足的需要。我發現我之所以生自己的氣，是因為我的所作所為不符合自己的價值觀。當我能以這樣的觀點來看待事情，就得以省思自己的行為，並找出自己想藉此滿足的需要，進而得以原諒自己。」

「這本書改變了我的生命！其中改變最大的就是我對待自己的方式。謝謝你，馬歇爾！」

——網路評論家

親密關係：

「『非暴力溝通』不僅挽救了我們的婚姻，也讓我們得以和那幾個已經長大成人的孩子冰釋前嫌，並且和父母及手足建立更深刻的關係。」

——亞歷桑納州的一位讀者

「這四十年來，我一直試著讓父親能夠同理我。沒想到這本書我才讀完一半，就已經學會如何表達自我，讓他終於得以明白我的意思，同理我的處境。這真的是一份無法言喻的美妙禮物。」

——網路評論家

「如果你不想和身邊的人反覆進行無謂的爭論，如果身為父母的你希望透過激發善意（而非強行要求）的方式來改變孩子的行為，就一定要讀這本書。」

——網路評論家

親子與家庭溝通：

「『非暴力溝通』使我得以克服自己受到的有害制約，發現隱藏在內心深處的『慈愛的媽媽』以及『溫暖的人』。盧森堡博士創造了一種可以轉化世間暴力的方式。」

——加州的一位護士

「我們原本想找一個比較好的方法來管教家裡那個六歲的孩子，結果卻在書中發現了一套頗富哲理的溝通工具。這本書改

變了我們夫妻之間的關係以及我們對待自己的方式。」

──網路評論家

個人成長：

「馬歇爾・盧森堡所撰寫的《非暴力溝通》是一本很棒的書。它教我們用一種充滿善意的方式與別人交談，即使在生氣的時候也不例外。」

──喬・維塔爾（Joe Vitale），《靈魂行銷》（*Spiritual Marketing*）和《無恥行銷力量大》（*The Power of Outrageous Marketing*）的作者

「這種看待語言的方式極為創新。如果有夠多的人運用《非暴力溝通》裡所提到的方法，這個世界或許很快就會變得更和平、更充滿善意。」

──魏斯・泰勒（Wes Taylor），Progressive Health 公司

「這是我所看過的言語最簡潔、說理最清楚的人際溝通手冊。它告訴我：要改變這個世界，就要從自身做起。」

──網路評論家

「我是那種經常批判自己的人。這本書教我要愛自己，唯有如此我才能真正愛別人。它有助消弭人與人之間的紛爭，使不同的種族與國家得以和平相處。我相信這正是我們的世界迫切需要的一本書。」

──網路評論家

監獄：

「監獄的環境使得受刑犯很容易發生衝突。因此當他們發現

這個能夠促進人與人之間善意溝通的方法時，都如釋重負。」

——道‧戈登（Dow Gordon），西雅圖「自由監獄計畫」門羅
監獄外役小隊的非暴力溝通講師

靈性：

「馬歇爾‧盧森堡簡直就是『非暴力運動』和『靈性行動主義』的化身！讀者如果能將書中的概念付諸實行，這世界將會有更多的善意。」

——瑪莉安‧威廉森（Marianne Williamson），《日常的恩典》
（*Everyday Grace*）的作者暨「和平聯盟」（Peace Alliance）的
榮譽主席

心理治療：

「由於我現在已經能夠適切同理病患，因此治療過程變得更有生氣。看了這本書之後，我開始相信自己有能力改善病人的生活，也有能力和朋友和家人建立深刻的連結。書中所描述的同理技巧是按部就班、循序漸進的，人人都可以學會。」

——網路評論家

「在眾多有關溝通的書籍中，這是我迄今所讀過的最清楚、最容易理解並且最具有洞見的一部著作。自從七〇年代以來，我一直在研究並教導人們如何提升自信。這本書令我耳目一新。盧森堡洞悉了感受、需要和責任之間的關連性，創造了一個真正的溝通利器。」

——網路評論家

目　錄
（括弧內中譯為初版之章名）

中文增訂版說明　　　　　　　　　　　　　　　015
序言　　　　　　　　　　　　　　　　　　　　017
謝辭　　　　　　　　　　　　　　　　　　　　022
語言是窗（或是牆）　　　　　　　　　　　　　023

第一章　真心的付出　　　　　　　　　　　　　025
（Giving From the Heart，讓愛融入生活）

第二章　阻礙善意的溝通方式　　　　　　　　　041
（Communication That Blocks Compassion，是什麼蒙蔽了愛？）

第三章　觀察而不評論　　　　　　　　　　　　053
（Observing Without Evaluating，區分觀察和評論）

第四章　辨識並表達你的感受　　　　　　　　　069
（Identifying and Expressing Feelings，體會和表達感受）

第五章　為自身的感受負責　　　　　　　　　　083
（Taking Responsibility for Our Feelings，感受的根源）

第六章　提出有益生命的請求　　　　　　　　　105
（Requesting That Which Would Enrich Life，請求幫助）

第七章　以同理心聆聽　　　　　　　　　　　　133
（Receiving Empathically，用全身心傾聽）

第八章　同理的力量　　　　　　　　　　　　　157
（The Power of Empathy，傾聽的力量）

第九章　用愛與自我連結　　　　　　　　　　　175
（Connecting Compassionately With Ourselves，愛惜自己）

第十章 充分表達怒氣　　189
（Expressing Anger Fully，充分表達憤怒）

第十一章 化解衝突、調停紛爭　　211
（Conflict Resolution and Mediation）

第十二章 採用保護性的強制手段　　239
（The Protective Use of Force，運用強制力避免傷害）

第十三章 解放自我、幫助他人　　251
（Liberating Ourselves and Counseling Others，重獲生活的熱情）

第十四章 以非暴力溝通表達讚賞與感激　　267
（Expressing Appreciation in Nonviolent Communication，表達感激）

後記　　277
資源　　280

中文增訂版說明

自從 2009 年出版馬歇爾・盧森堡博士所撰寫的《愛的語言：非暴力溝通》（*Nonviolent Communication: A Language of Life*）以來，承蒙許多朋友的積極推廣，著重於共通人性的非暴力溝通法，漸為人所知。

由於這個溝通法需要刻意練習，2012 年我們出版專為練習非暴力溝通所設計的手冊：《愛的語言練習本》（*Nonviolent Communication Companion Workbook*），提供十三個星期的訓練內容，給個人、團體或學校操練非暴力溝通使用。

十多年來，感謝許多使用者對《愛的語言》給予回饋意見，並鼓勵我們出版該書第三版。為服務讀者的需要，我們根據英文第三版重新翻譯，出版此增訂版，並將書名改為《非暴力溝通：愛的語言》。

此增訂版與第一版內容上最大的不同，除各界閱讀推薦和序文有異外，在於內文新增第十一章〈化解衝突、調停紛爭〉，說明如何在衝突中運用非暴力溝通，讓雙方建立連結；並且說明非暴力溝通與傳統調解方式的差異之所在。此外，由於第一版是由阮胤華先生翻譯，增訂版是由蕭寶森女士翻譯，兩者的譯文風格也很不一樣。

增訂版《非暴力溝通》為方便讀者搭配使用《愛的語言練習本》，目錄各章的名稱除列出新譯名，也並列英文和第一版翻譯的章名，以供讀者參照。

願非暴力溝通法，協助我們專注於觀察、感受、需要和請求，幫助我們彼此聆聽和交談，讓關係因愛的流動而豐富。

謝謝您對非暴力溝通系列書籍的支持，敬請撥冗指教！

光啟文化事業敬上

序言

迪帕克・喬普拉（Deepak Chopra），醫學博士 *

　　世上沒有誰比已故的馬歇爾・盧森堡更值得我們感謝。他這一生活得就像他的一本書的名字：「在一個充滿衝突的世界裡傳達平安」（*Speak Peace in a World of Conflict*）**。正如該書的副標題：「你即將說出口的話，將會改變你的人生」，馬歇爾很清楚這句話的涵義。每個人從嬰兒時期開始便逐步建構屬於自己的生命故事，這故事乃是以語言建構而成。於是，馬歇爾也透過語言來化解衝突。他教導我們在對話時應該避免批評、指責或使用任何帶有暴力意味的字眼。

　　晚間新聞中那些街頭抗議群眾的扭曲臉龐，每每令人惶惶不安，它們絕非只是新聞畫面而已。每一張臉、每一聲吶喊以及每個手勢背後都有一個故事。每個人都緊緊抓住自己的故事，因為那是他們身分之所繫。因此，當馬歇爾呼籲大家使用和平的語言時，他所倡導的其實是一種新的自我認同，而他自己也很清楚這一點。他在書中談到「非暴力溝通」的理念和調解人所扮演的角色時表示：「當我們要求改變現狀，就是在嘗試實踐一個新的價值體系。」

　　在馬歇爾所看到的這個價值體系中，人們不需要做出任何

---

* 「喬普拉幸福生命中心」（Chopra Center for Wellbeing）的創辦人，其著作已達八十餘部，被譯為至少四十三種語言，其中有二十二本曾榮登紐約時報暢銷書單。

** 此書的中譯本已由光啟文化出版，書名為《這樣說話，你我都是大贏家》。

妥協就可以化解衝突。衝突的雙方可以彼此尊重，詢問對方有何需要，在沒有激情和偏見的氛圍中建立連結。然而，在當今這個世界裡，戰爭與暴力盛行，「我們 vs. 他們」的思維模式已經成為常態，有些國家無視於文明的規範，犯下各種不堪的暴行。在這樣的世界中，這新的價值體系似乎只是個遙不可及的夢想。在歐洲召開的一次調解人大會裡，有個對非暴力溝通存疑的人批評這個方法是種心理治療：說得明白些，他不就是要我們忘掉過去，握手言和嗎？但在那些飽受戰爭蹂躪的地區，乃至所有的離婚訴訟，這樣的期待是否太不切實際？

每種世界觀都包含了一套價值體系。人們無可避免地一定會受到這些價值體系的影響，甚至還以此為傲，因此千百年來，無論在哪裡，人們對戰士的態度都是既尊崇又懼怕。榮格學派的心理學家更告訴我們：戰神的原型存在於每個人的潛意識中，因此衝突和侵略乃是無可避免的現象，可說是人類與生俱來的罪惡基因。

然而，馬歇爾的這本書提出了另一種對人性的觀點，必須仔細思考，因為這是我們唯一的希望。馬歇爾認為，我們並不等同於我們的觀念。這些觀念是由我們創造出來的，因為習慣、群體脅迫、社會的制約以及缺乏自覺等因素而維持不變。然而，即便最良善的觀念也會助長暴力。舉例來說，如果你想以武力保護家人、防衛自己、打擊不法、防止犯罪或從事所謂的「聖戰」，就已經受到暴力的蠱惑了。如果你決定退出這場暴力遊戲，很可能會受到抨擊與懲罰。簡而言之，要在這樣的情況下找到一條出路並不容易。

在印度，有一種古老的非暴力生活方式，稱為「不害」（Ahimsa）。這是「非暴力」的核心理念。「不害」通常被解釋為

「不使用暴力」，但它涵蓋的意義並不僅止於此。從甘地（Mahatma Gandhi）的和平示威運動到史懷哲（Albert Schweitzer）對生命的崇敬都屬於「不害」的範疇。它的首要準則便是「不傷害任何生命」。六個星期之前，方才以八十歲高齡辭世的盧森堡博士最讓我印象深刻的一點便是：他掌握了「不害」的兩個層次：「行動」與「意識」。

「行動」部分指的是「非暴力溝通」的一些原則。這部分在後面的篇章有詳細說明，在此不再贅述。但事實上，讓自己處於「不害」的「意識」狀態遠比採取「不害」的行動更有力量，而盧森堡博士就具有這樣的特質。他無論置身於何種衝突情境，都不會偏袒任何一方，也不會把焦點放在各方的說法上。他知道所有的說法都會造成衝突，於是便把重點放在搭建心靈的橋樑，讓雙方得以彼此連結。這種做法很符合「不害」的另一個準則：「重要的不是你做了什麼，而是你的注意力的品質。」以離婚為例，就法律的角度而言，一旦夫妻雙方達成了分割財產的協議，離婚手續就算結束了，但雙方在情感上所受的衝擊卻仍餘波蕩漾。借用馬歇爾的話來說，他們之前交鋒時的言語，已經改變了他們的世界。

在面對衝突時，我們心心念念都是「自我」，想要抓取「屬於我的事物」，於是很容易就會採取攻擊行動。表面上，我們的社會似乎崇奉聖徒，景仰他們放下自我、服事上主的精神，但事實上，我們所信仰的價值觀和所作所為之間卻存在著一道巨大的鴻溝。「不害」可以擴張一個人的意識，消弭這道鴻溝。要化解世間的暴力，唯一的方法便是放下自己的執見。人若仍以自身的利益為念，必然無法開悟。這或許是「不害」的第三個準則。然而，這樣的教導聽起來似乎太過極端，一如耶穌在「真

福八端」中所說的：「溫良之人必將承受地土」。

　　事實上，無論「不害」的教導或耶穌的寶訓，其精義並不在於改變行動，而是改變意識。要改變你的意識，你必須從 A 點（滿足「自我」永無止盡的欲求）走到 B 點（無私無我的狀態）。坦白說，沒有人會真的想進入這種狀態。從自我的角度來看，這樣的狀態聽起來既可怕，也難以達到。既然「自我」只在意得失，你若放棄了「自我」，後果將會如何呢？一旦沒有了「自我」，你是否會消極地坐在那兒，有如一張懶骨頭沙發？

　　答案就在於個人的「自我」自動消融的時刻。當我們進行冥想或處於心滿意足的狀態時，「自我」就會自動消融。當我們目睹大自然的奧妙或藝術音樂作品之美並心生讚嘆時，會自然而然地進入一種渾然忘我的境界。當我們盡情玩耍、從事創造工作或沐浴在愛中，也會體驗到這種無我的狀態。這樣的狀態與「不害」相似，唯一的差別在於：前者時有時無、忽隱忽現，但「不害」卻是固定而恆久的。由此可見，所有的念頭和那個負責製造念頭的「自我」並非實際的存有，而是人們為了求取自身的生存和一己的利益所創造出來的幻象。「自我」總是驅使我們追求更多的金錢、財貨和權力，藉以強化這個幻象，但在進入「不害」的狀態後，我們卻能活出自己的自性。

　　如何稱呼「不害」？「高等意識」（higher consciousness）這個字眼太過崇高，並不合適。事實上，在現今這個「常態」已經毫不正常，甚至幾近「病態」的世界，「正常意識」（normal consciousness）毋寧才是比較精確的字眼。在當今的世界裡，有些國家用幾千個核子彈頭對準敵人，有些國家把恐怖主義視為宗教手段。這樣的現象雖然已經成為常態，但事實上一點也不正常。

對我而言，馬歇爾對後世的影響並不在於他完全改變了調解人所扮演的角色（儘管這點也很重要），而在於他遵奉的價值體系。這個價值體系看似新穎，其實古已有之。由於人類的天性一方面嚮往「和平」，一方面又崇尚「暴力」，因此無論在任何世代，都有必要鼓勵人們重新進入「不害」的意識狀態。更何況盧森堡博士已經證明：這樣的狀態不僅確實有可能達到，用它來化解衝突更是切實可行。他留下了可供追隨的足印。如果我們真正關心自身的福祉，一定會跟著他的腳步前進。在這個亟須智慧的指引以便消弭紛爭的時代，這是我們唯一的選擇。

謝辭

我很慶幸自己能在卡爾・羅吉斯（Carl Rogers）教授研究「有益的人際關係所包含的要素」的過程中與他共事，向他學習。他的研究成果在我發展「非暴力溝通」的過程中，扮演關鍵性的角色。

我將終生感念麥可・哈基姆（Michael Hakeem）教授。他讓我明白：如果我們依照學校裡所教導的方法，把心理問題當成一種疾病，不僅會受到各種局限，也會在社會和政治方面產生不良的影響。既然現有的方法有其限制，我便開始尋找新的方法來解決人們的心理問題。

除此之外，我也很感謝喬治・米勒（George Miller）和喬治・艾比（George Albee）兩人致力於提醒心理學家要找到更好的方法讓世人享受心理學的好處。他們讓我明白：世上的苦難何其多，我們有必要找出比心理治療更有效的方式來運用心理學的技巧，幫助那些亟需幫助的人。

同時，我也要感謝呂靖安（Lucy Leu）負責編輯此書，並加以完稿。謝謝瑞塔・荷馬（Rita Herzog）和凱西・史密斯（Kathy Smith）協助編輯工作，也感謝許多人（Darold Milligan、Sonia Nordenson、Melanie Sears、Bridget Belgrave、Marian Moore、Kittrell McCord、Virginia Hoyte、Peter Weismiller）在其他方面的協助。

最後，我要感謝我的朋友安妮・穆勒（Annie Muller）。她鼓勵我更清楚地說明非暴力溝通的靈性基礎。這不僅讓這套方法變得更加紮實，也讓我的生命變得更加豐富。

語言是窗（或是牆）

聽了你的話，我彷彿受了審判，
滿懷委屈，卻無從分辨，
在離開前，我得明白，
那真的是你的意思嗎？

在我為自己辯駁之前，
在我帶著痛苦或恐懼回應前，
在我用言語築起心靈之牆前，
請告訴我，你是否真有此意？

語言是窗戶，也可以是牆，
可將我們定罪，也可讓我們得到釋放。
願我無論在說話或聆聽時，
都散發愛的光芒。

有些事對我極其重要，
我必須將它們說出來。
如果我講的語焉不詳，
你是否可以幫助我表達清楚？

如果我似乎在貶低你，
如果你感覺我不在意你，
請試著透過我的話語，
聽見我們共通的感受。

　　　——魯思・貝本梅爾（Ruth Bebermeyer）

第一章

真心的付出 99

非暴力溝通的核心

我希望一生能常懷悲憫之心，與他人互相關懷，彼此以善意相待。

——馬歇爾·盧森堡博士

前言

　　我相信人人都有惻隱之心，也都樂於互助，因此這大半輩子以來，我一直在思考兩個問題：是什麼因素使得我們悖離了慈悲的天性，做出兇猛殘暴、剝削他人的舉動？相反的，又是什麼因素使得有些人即便是在最艱困的情況下，也得以不忘慈悲的天性？

　　這樣的疑惑始自 1943 年的夏天。當時我還是個孩子，跟著家人一起搬到密西根的底特律市。我們抵達後的第二個星期，當地一座公立公園因故爆發了一場種族衝突。接下來的那幾天，陸續有四十餘人遇害，而我們那個社區正巧位於暴力事件的中心點，於是有三天的時間，我們一直關在家裡，足不出戶。

　　種族暴亂結束，學校開學時，我發現了一件事：姓名就像膚色一樣，可能會使你惹上麻煩。老師點到我的名字時，有兩個男生瞪著我，小聲問我：「你是猶太佬嗎（kike）？」語氣很不友善。我之前從未聽過「猶太佬」這個字眼，也不知道那是某些人對猶太人的蔑稱。那天放學後，那兩個男孩就在外面等著我，並且把我推倒在地上，對我拳打腳踢。

從此，我就一直在思索那兩個問題。是什麼力量使得有些人即使是在最惡劣的情況下，仍得以展現他們的慈悲天性？艾蒂·賀樂孫（Etty Hillesum）就是這樣的一個人。她雖然在德國集中營內飽受凌虐，但仍然能夠保有悲憫之心。她曾在日記中寫道：

> 「我不太容易感到害怕。並不是因為我很勇敢，而是因為我知道我是在和人打交道，必須盡量試著去了解他們所做的每一件事。這正是今天早上那件事情真正的意義所在：一個年輕的蓋世太保軍官對我咆哮，但我一點兒也不生氣，反而真心地憐憫他，想問他：『你小時候是不是過得很不快樂，還是你的女朋友做了什麼讓你失望的事情？』是的，他看起來心煩意亂、焦躁急切、心情鬱悶、有氣無力。我當下就很想善待他，因為我知道像他這般可憐的青年，一旦面對人群，是很危險的。」
>
> ——艾蒂·賀樂孫，《艾蒂日記》
> （*Etty: A Diary 1941-1943*）

我在探討什麼因素能讓我們保有悲憫之心時，深感語言文字在其中扮演很重要的角色。後來，我發現有一種溝通方法（包括說話與聆聽），能讓我們真心關愛別人、與自我及他人連結，並且充分展現與生俱來的悲憫。我稱之為「非暴力溝

非暴力溝通是讓我們得以真心關愛他人的一種溝通方法。

通」(Nonviolent Communication)。「非暴力」一詞是引用甘地的口號,指的是當暴力從心中消除時,自然而然對他人懷抱善意的狀態。我們或許不認為自己說話的方式帶有暴力的成分,但事實上,我們所說的話語經常會傷害他人和自己,造成痛苦。有些地區把我所描述的這種溝通方式稱為「善意的溝通」(Compassionate Communication)。在本書中,我們以「非暴力溝通」這個簡稱來代表這種溝通方式。

轉移注意力的焦點

非暴力溝通是建立在語言與溝通的技巧上,讓我們在面對惱人的情況時,仍保有人的本性。它並不是一個新的理論,因為它所講的都是千百年來人們早已明白的一些道理。它的目標是在提醒我們人類本是如何相處,並幫助我們在日常生活中加以實踐。

非暴力溝通可以幫助我們改變表達和聆聽的方式,讓我們不再不假思索地做出慣性的反應,而是根據自己的觀察、感受和需要,有意識地做出回應。它會引導我們誠實而清楚地表達自我,尊重他人並同理他人,讓我們在與人互動時能夠了解自己和對方內心深處的需要。透過非暴力溝通,我們可以學會仔細觀察、指出哪些行為和情況對我們造成了影響、確切了解我們當下的需要並且清楚地表達出來。它的形式雖然簡單,卻可以造成很大的改變。

在面對別人的判斷或批評時,我們往往不是急於為自己辯

以非暴力溝通聆聽自己與他人內心深處的需要時,
就會以一種嶄新的眼光來看待人際關係。

解就是畏畏縮縮，甚或開始攻擊對方。當我們捨棄這些舊有的模式，以非暴力溝通取而代之，就能以一種嶄新的眼光來看待自己和對方，並且對彼此的意圖和關係有不同的體會。這時，就不太可能產生抗拒、防衛的心理或出現任何激烈的反應。當我們不再忙著分析或批評對方，而是專心釐清眼前所觀察到的事實以及自身的感受與需要時，自然就會流露出內心的善意。由於非暴力溝通強調深度的聆聽（聆聽自己也聆聽他人），因此可以培養我們對他人的尊重、關心與同理，也會讓我們真心想給予他人。

我雖然將非暴力溝通稱為一種「溝通的方法」或「善意的語言」，但事實上它並不只是一個方法或一種語言。它更深刻的意義在於提醒我們，把注意力放在一個讓我們更有可能滿足自身需要的地方。

有一個故事是這樣的：在一盞街燈底下，有個男人趴在地上找東西。有位警察路過那兒，便問他在做什麼。男人答道：「我在找車鑰匙。」他看起來似乎有點醉意。警察問他：「你的鑰匙掉在這裡嗎？」「不。」那男子答道。「是掉在巷子裡。」看到警察一臉困惑的神情，他趕緊解釋：「可是這裡的燈光比巷子裡亮得多呀。」

我發現自己因為受到文化的制約，每每把心思放在那些不太可能滿足自身需要的地方。於是我便發展出非暴力溝通，讓自己把注意力放在那些有可能讓我滿足需要的地方。希望我這一生能常懷悲憫之心，與他人互相關懷，彼此以善意相待。

讓我們將意識聚焦於有可能滿足需要之處。

以下這首歌詞是我的朋友魯思‧貝本梅爾寫的。其中便展現了這樣的善意，也就是我所說的「由衷的給予」：

你接受我的付出，

並明白我當下的喜悅，

便是你給我的最好的禮物。

你知道我無意對你施惠，

只是要表現我心中的愛意。

優雅地接受，

或許是世上最佳的贈予。

施與受並無二致。

對你的付出，

我以接受回報。

你願接受我的心意，

是對我的莫大贈予。

——《獲贈》（Given To, 1978），出自魯思‧貝本梅爾的同名專輯

　　每當我們出於自己的意願行事，讓他人的生命變得更加豐富，我們的內心就會油然生出一股喜悅。這樣的給予對施者與受者皆有好處。受者可以享受這份贈予，無須擔心任何後果（如果施者是因恐懼、歉疚、羞愧或有所圖謀才給予，就會有一些後遺症），施者則會因為看到自己的作為增進了他人的福祉而增強自尊心。

　　以非暴力溝通與他人溝通時，即使對方不了解非暴力溝通，甚至不願意對我們釋出善意，也沒有關係。只要我們能堅守非暴力溝通的原則，懷抱善意給予和接受，並盡可能讓對方

明白我們除此之外別無所求，他們就會加入我們的行列。最後雙方必然能以善意相待。當然，這樣的境界並非一蹴可及，但只要持續照著非暴力溝通的原則和方法去做，這樣的目標必然可以達成。

非暴力溝通的過程

要達到讓雙方都願意真心付出的境界，必須把注意力放在四個要素上。這也就是非暴力溝通的四個要素。

首先，我們要觀察當下發生的情況：別人說了什麼話？做了什麼事？這些話語或舉動是否讓我們的生命變得更加豐富？要清楚地陳述觀察到的事實，不帶任何判斷或評論。也就是說：只要說出對方做了哪些事情就可以了，無須論及我們喜歡與否。其次，陳述自己觀察到這個行為時的感受：我們是否因此而感到傷心、害怕、欣喜、有趣或懊惱？第三，說明我們有哪些需要與這些感受相關。當我們以非暴力溝通清楚而誠實地表達自己所處的狀態時，必須能夠察覺這三個要素。

舉例來說，一位母親在對正值青春期的兒子說話時，或許可以如此表達以上這三個要素：「菲力思，我看到茶几底下有兩團髒襪子，電視機旁邊又有三團，實在很生氣，因為我希望我們共享的空間能夠更整潔一些。」

接著，她可以立刻表達第四個要素——一個非常明確具體的請求：「你可不可以把襪子放在你的房間或洗衣機裡？」這第四個要素便是：告訴對方我們希望他（她）怎麼做，以便讓我

非暴力溝通的四個要素：1. 觀察；2. 感受；3. 需要；4. 請求。

們的生命變得更加豐富或美好。

　　因此，在運用非暴力溝通時，一方面要以語言（或其他方式）清楚表達這四種訊息，另一方面則要接收別人所傳達的這四種訊息。我們要先了解他們觀察到的事實及其感受和需要，再接收他們提出的請求（第四個要素），以便了解我們可以透過什麼方式讓他們的生命變得更豐富。如此一來，就能夠與他們建立連結。

　　當我們把注意力聚焦於以上這幾個要素，並且幫助他人這麼做時，就可以建立一種雙向溝通的模式，使雙方都能自然而然地展現善意：我觀察到什麼、有什麼感受和需要、想請求你做些什麼以便增進我的生活；你觀察到什麼、有什麼感受和需要、想請求我做些什麼以便增進你的生命……

非暴力溝通的過程

觀察哪些具體行動影響了我們的福祉

我們對這些行動有何**感受**

是哪些**需要**、價值觀和渴望等原因，使我們產生這些感受

我們想**請求**對方採取哪些具體行動來增進我們的生活

　　在運用非暴力溝通時，可以先表達自我或同理他人傳達的四種訊息。在本書第三章到第六章，將學習如何聆聽並表達非

暴力溝通每一項要素，但請記住：非暴力溝通並不是一套固定的公式。你可以隨著情境的不同、個人風格或文化上的差異而加以彈性運用。儘管我們為了方便起見，將非暴力溝通稱為一種「方法」或「語言」，但就算你一句話也沒說，仍然可以體驗到它的四要素。非暴力溝通的核心在於我們對這四個要素的覺察，而非實際上說了什麼。

非暴力溝通的運用

當我們以非暴力溝通和自己對話、與他人或團體互動時，心中自然會懷抱善意。因此，非暴力溝通可以被有效地運用在各種層次的溝通以及不同的情境中，包括：

- 親密關係
- 家庭
- 學校
- 機關團體
- 心理治療與諮商
- 外交與商業談判
- 各種爭端與衝突

有人以非暴力溝通深化自己的親密關係，並增進彼此間的愛意：

> 非暴力溝通的兩個面向：
> 1. 以非暴力溝通的四個要素，誠實表達自我。
> 2. 以非暴力溝通的四個要素，聆聽並同理他人。

「當我學到如何以非暴力溝通聆聽他人的話語並表達自我的感受時，就不再感覺別人是在攻擊我、糟蹋我。我開始能夠真正聆聽別人說的話，聽出話中隱藏的感受。這時我才發現丈夫心中有著許多痛苦。我們已經結婚二十八年了。在我開始上非暴力溝通課程之前的那個週末，他曾經要求和我離婚，但是到現在我們還在一起。我很感謝非暴力溝通讓我們的婚姻得以圓滿……我學會聆聽他的感受、表達自己的需要並接納他那些或許不太中聽的回答。我體悟到：他之所以存在，不是為了要讓我快樂；而我之所以存在，也不是為了讓他幸福。我們兩人都學到了如何成長、如何接納對方並且彼此相愛，以便讓我們都能實現自我。」

——參與加州聖地牙哥非暴力溝通工作坊的
一位學員

有些人用非暴力溝通來改善職場的人際關係、增進工作效率：

「這一年來，我一直在我的特教班上運用非暴力溝通。這種方法甚至對那些語言發展遲緩、有學習障礙或行為問題的孩子都有效果。我們班上有個學生，一看到別人靠近他的桌子，就會對他們吐口水、罵髒話、大聲尖叫並且用鉛筆戳人。這時，我會告訴他：『請你用另外一種方式來表達好嗎？你可以使用你的長頸鹿語言。』（有些工作坊會用長頸鹿布偶當教材，

示範如何運用非暴力溝通。）他聽到後就會立刻站起來，把身子挺直，看著惹他生氣的那個人，心平氣和地說道：『可以請你離我的桌子遠一點嗎？當你這麼靠近我時，我就會生氣。』那些學生聽到了之後可能就會說：『抱歉！我忘了這樣會讓你不高興。』

我開始思考這個孩子為什麼會讓我感到如此挫折，也試著探索我究竟希望他能滿足我的哪些需要（除了課堂上的和諧與秩序之外）。後來，我發現那是因為我必須花很多時間備課，而且為了管理他的行為，我無法像我所期望的那樣發揮自己的創意，以期有所貢獻。此外，我也覺得我無法滿足其他學生受教的需要。後來，他在班上鬧事時，我就會對他說：『我需要你注意聽我講課。』有時一天可能得跟他說個上百遍，但他可以聽得進去，而且通常也都會開始注意聽課。」

——伊利諾州芝加哥市的一位教師

一位醫師也有以下的心得：

「我在看診時，愈來愈常運用非暴力溝通。有些病人會問我是不是一個心理學家，因為他們之前所遇到的醫師通常都對他們的生活方式不感興趣，也不會問他們如何因應自己的病痛。非暴力溝通幫助我了解病人需要什麼、他們當下想聽到什麼樣的話。這點在面對血友病和愛滋病的病人時尤其有用，因為這類病人內心往往有著許多憤怒和痛苦，而這會嚴重損害醫

病關係。有一名在我這兒接受了五年治療的愛滋病婦女最近告訴我：我對她最大的幫助就是一直試著找方法讓她能快樂地過活。這點也要歸功於非暴力溝通。過去，當我知道某個病人已經得了不治之症時，往往會太過在意他們的預後情況，很難衷心鼓勵他們好好過日子。學了非暴力溝通之後，我不僅學到一種新的語言，對事情的看法也不一樣了。我很訝異它居然如此適用於醫療領域。我愈常運用非暴力溝通，工作起來就愈起勁、愈開心。」

——法國巴黎的一位醫師

有些人則將非暴力溝通應用在政治上。有位法國內閣成員告訴我：她去拜訪妹妹時，發現妹妹和妹婿之間的溝通方式跟別人很不一樣。聽到他們對非暴力溝通的描述，她很受鼓舞，並且告訴我她下星期就要去阿爾及利亞，和當地的代表洽談一些有關收養程序的敏感議題。於是，儘管時間很趕，我們還是派了一位會說法語的講師前往巴黎去為那位部長上課。事後她表示：她在阿爾及利亞的談判之所以能夠順利圓滿，大部分要歸功於她剛學會的溝通技巧。

有一次，我們在耶路撒冷舉辦了一個工作坊，參加的成員是以色列的各派人士。我請那些學員以非暴力溝通的語言來表達他們在極富爭議性的西岸問題上的立場。其中有許多已經定居在西岸的以色列屯墾人士相信：他們之所以在西岸屯墾區，乃是奉行上帝的意旨，但這樣的立場不僅與巴勒斯坦人抵觸，也和那些主張讓巴勒斯坦人享有西岸主權的以色列人相左。有次上課時，我和一位講師先示範該如何依照非暴力溝通的原則

傾聽對方所說的話並加以同理，然後便請學員輪流以角色扮演的方式，站在對方的立場上發言。結果過了二十分鐘後，一位定居於屯墾區的人士宣布：如果她的對手能像剛才她的夥伴那樣聆聽她的心聲，她願意考慮放棄土地所有權並且遷離西岸，前往國際公認的以色列領土居住。

目前，全球各地有許多族群面臨暴力衝突以及嚴重的種族、宗教與政治紛爭，因此非暴力溝通已經成為他們的寶貴資源。眼見有愈來愈多的人接受非暴力溝通的訓練，並用它來調解以色列、巴勒斯坦、奈及利亞、盧安達（Rwanda）、獅子山共和國（Sierra Leone）等地的衝突，我感到非常欣慰。有一回，我和同仁曾經在情勢異常緊張的貝爾格勒（Belgrade）地區待了三天，訓練那些和平工作者。我們剛抵達那裡時，看到學員的臉上盡是灰心絕望的神情，因為當時他們的國家在波士尼亞（Bosnia）和克羅埃西亞（Croatia）捲入了一場慘烈的戰役。然而，經過一段時間的訓練之後，他們滿懷欣喜地告訴我們，他們終於有了繼續工作的力量，並對我們表達深摯的謝意。其後的那兩個星期，我們繼續在克羅埃西亞、以色列和巴勒斯坦等受到戰火蹂躪的地區舉辦非暴力溝通工作坊。這段期間，我們也再度看到那些原本已經對未來感到絕望的學員，在受訓之後重新振作，並且恢復了他們對和平的信心。

我很慶幸自己能夠走遍世界各地，教導人們一種能讓他們充滿喜悅和力量的溝通方法。現在我也很高興能透過此書，和你們分享「非暴力溝通」的豐富內涵。

總結

非暴力溝通讓我們能夠與他人和自我連結，使我們得以

流露出與生俱來的悲憫之心。它引導我們把注意力放在四個要素——當下觀察到了什麼、有何感受、有何需要、想請求他人做些什麼來增進我們的福祉，藉以改變我們表達自己以及聆聽他人的方式。非暴力溝通可以培養深度聆聽的能力，讓我們更加尊重、同理他人，並且衷心願意為人付出。有人用非暴力溝通同理自己、善待自我，有人用它來深化親情、友情與愛情，也有人用它在職場和政治上建立更有效的人際關係。此外，在全球各地，非暴力溝通都被用來調解各個層面的紛爭與衝突。

非暴力溝通應用實例

　　本書將會穿插許多以「非暴力溝通應用實例」為標題的對話。其用意在使讀者得以體會當我們實際應用非暴力溝通的原則和別人對話時，會是什麼樣子。不過，非暴力溝通不只是一種語言或一套說話的技巧。你也可以透過沉默、專注的模樣、面部表情和肢體語言表達出非暴力溝通的意識狀態和目標。當然，這些「非暴力溝通應用實例」中的對話都經過濃縮和刪節，和現實生活中的對話不盡相同。我們在實際和別人交談時，可能偶爾會進行無聲的同理、講個故事、開個玩笑，或者比出一些手勢等等，使溝通過程顯得比較自然。這是在這些經過濃縮的對話中，比較感受不到的。

「殺人犯、劊子手！殺害孩童的兇手！」

　　有一次，我在伯利恆(Bethlehem)赫舍難民營(Dheisheh Refugee Camp)的一座清真寺內，對著一百七十名信奉回教的巴勒斯坦男子講述非暴力溝通。在那個年代，巴勒斯坦人對美國人並沒有什麼好感。我講到一半，突然發現人群裡隱約起了一陣騷動。翻譯警告我：「他們在說你是美國人呢！」這時，聽眾席中有一位男士突然站了起來，對著我聲嘶力竭地大喊：「兇手！」立刻有十幾人呼應他，異口同聲喊著：「殺人犯！」、「劊子手！」、「殺害兒童的兇手」。

　　在這樣的情況下，幸好我有能力把心思放在那名男子的感受和需要上。我知道他何以會出現這樣的舉動。我

進入難民營後，在路上看到好幾個空的催淚瓦斯罐。那是前一天晚上發射過來的，上面清清楚楚地寫著：「Made in U.S.A.」（美國製造）。我知道這些難民之所以如此憤怒，是因為以色列用來攻擊巴勒斯坦的催淚瓦斯和其他武器，是由美國供應的。

於是，我對那位叫我「殺人犯」的男子說道：

盧森堡：你之所以生氣，是不是因為你希望美國政府以別的方式運用它的資源？（我當時並不知道這樣的揣測是否正確，但最重要的是我很誠心地試著體會他的感受和需要。）

男子：沒錯，我很生氣！你以為我們需要催淚瓦斯嗎？我們需要的是下水道，不是你們的催淚瓦斯！我們需要有房子住，需要有自己的國家！

盧森堡：所以你很憤怒，希望有人能幫助你們改善生活條件並且成為一個獨立的國家？

男子：我和我的家人小孩在這裡已經住了二十七年了。你知道這二十七年來我們過的是什麼樣的日子嗎？

盧森堡：你似乎感到很絕望，而且懷疑我們這些人到底知不知道你們生活在這樣的環境裡是什麼滋味。我說得對嗎？

男子：你想知道嗎？請你告訴我，你有小孩嗎？他們有沒有上學？有沒有地方可以玩？我的兒子生病了！因為他在沒有加蓋的汙水溝裡玩！他上課時沒有書本！你看過哪一間學校連書本都沒有的嗎？

盧森堡：我聽得出來你在這樣的環境下養小孩有多麼痛苦；
　　　　你想讓我知道你只是像天下所有的父母一樣，希
　　　　望自己的孩子能夠受到良好的教育，有機會在一
　　　　個健康的環境裡玩耍和成長……

男子：沒錯……我要的只是最基本的東西！就是人權！那
　　　不是你們美國人說的嗎？你們為什麼不多來這裡看
　　　看，你們到底帶給了我們什麼人權呢？

盧森堡：你是不是希望有更多的美國人知道你們在這裡過
　　　　得多麼痛苦，並且檢討我們的政治行動究竟造成
　　　　了什麼後果？

　　我們的對話就這樣持續進行著。有將近二十分鐘的時間，他滔滔不絕地訴說著他的痛苦，而我則專心聆聽他每一句話後面所隱藏的感受和需要，並未表示同意或不同意。對我來說，他的話並不是一種抨擊，而是一份禮物，因為他願意向我坦露他的靈魂以及內心深處的傷痛。

　　當這位先生認為我已經充分了解他的感受後，終於願意聽我說明我來這座難民營的目的。一個小時之後，原本說我是「殺人犯」的他，竟然邀請我去他家共享開齋節的晚餐。

第二章

阻礙善意的溝通方式

「你們不要判斷人，免得你們受判斷。因為你們用什麼判斷來判斷，你們也要受什麼判斷……」

——《聖經·瑪竇福音》七 1-2

　　我在研究人們為何無法表現出與生俱來的善意時，發現有一些說話和溝通方式會對他人和自己造成傷害……我將這類溝通方式稱為「**悖離生命的溝通**」（life-alienating communication）*。

道德判斷

　　其中一種悖離生命的溝通方式便是做出「**道德判斷**」，暗示那些不符合我們價值觀的人做錯了事，或者是個差勁的人，例如：「你的毛病就是太自私了」、「她很懶惰」、「他們有偏見」、「那樣做很不恰當」等等。所有指責、侮辱、貶損、為人貼標籤、批評、比較、診斷的話語，都是一種判斷。

　　蘇菲派的詩人魯米（Rumi）曾經寫道：「在是非對錯的想法之外，有一片廣闊的曠野，我們會在那裡相遇。」然而，那些「悖離生命的溝通方式」卻讓我們困在一個只講究是非對錯、充斥著判斷的世界裡，用我們的言語，將他人及其行為分成兩

---

* 編註：初版的翻譯為「異化的溝通方式」。

種，不是黑的，就是白的，就是錯的。使用這樣的語言，顯示我們只在意對方是好是壞、正常或不正常、負責任還是不負責任、聰明抑或無知等等。

　　我在很小的時候，就學會用一種沒有人味的方式溝通，以免洩漏自己內心真正的感受。遇到不喜歡或不理解的人物或行為時，就認為是對方的錯。如果老師叫我去做某件事，而我並不想做，我就會說他「刻意刁難」或「很過分」。在路上開車時，如果看到前面有一輛車子插隊，我的反應就是開罵：「你這個白癡！」使用這樣的語言時，滿腦子想的都是別人哪裡做得不對，所傳達出來的也是這樣的訊息。當我們偶爾不太理解他人的話語，或者回應得不夠好時，則會以為是自己出了什麼問題。就這樣，我們忙著分析自己和別人犯了什麼錯、有多麼不應該，卻從不曾思索自己和對方是否有一些需要沒有被滿足。因此，如果伴侶希望我能多愛她一點，我就會說她「很黏人、太依賴」。但如果我希望她多愛我一點，我就會說她「太冷漠、太粗枝大葉」。如果同事比我更在乎工作細節，我就會說他「太挑剔、有強迫症」。相反的，如果我比他更在意細節，我就會說他「做事馬虎、沒有條理」。

　　在我看來，當我們以這類話語來分析別人時，其實都是在表達自身的價值觀與需要，不過這是一種很可悲的做法，因為當我們以這種方式表達自身的價值觀與需要時，反而會使對方想為自己辯解，並產生抗拒的心理。就算他們答應依照我們的價值觀行事，很可能是因為他們接受了我們對其錯誤的分析，

> 有些溝通方式會讓我們悖離自己與生俱來的善意。
> 在評斷他人時，我們所注意的是「誰是什麼樣子」。

因而產生了恐懼、內疚或羞愧的感受。

當人們並未由衷認同我們的價值觀，也沒有真心想要滿足我們的需要，而是因為恐懼、內疚或羞愧才照著我們的意思去做時，雙方都會付出很大的代價。當人們是因為內在或外在的壓力才勉強依照我們的價值觀行事時，勢必會對我們失去好感。他們很可能也會因此而心生怨恨，或者看不起自己。更何況，如果他們一想到我們，就感到恐懼、內疚或羞愧，就比較不可能懷著善意回應我們的需要和價值觀。

但請注意：不要把「**價值判斷**」和「**道德判斷**」混為一談。每個人都會就自己所看重的一些特質做出**價值判斷**。比方說，我們可能很重視誠實、自由或和平。這類價值判斷反映出我們的信念——我們相信什麼事物最有益於生命。凡是不符合我們價值觀的人物或行為，我們就會對之做出**道德判斷**，例如：「暴力是不好的。殺人者很邪惡。」但如果我們從小就習慣使用一種有助表達善意的語言，就能夠清楚而直接地表達自己的需要和價值觀，不會在這些需要和價值觀沒有被滿足時，暗示對方有錯。舉個例子，與其說：「暴力是不好的。」我們可以說：「我擔心用暴力手段解決衝突。我重視能以其他方式來化解人與人之間的紛爭。」

科羅拉多大學的心理學教授歐傑・哈維（O.J. Harvey）曾經針對語言與暴力的關係做過一項研究。他在全球許多國家的資料庫中隨機選取了若干語文樣本，計算其中用來把人分類、並加以判斷的字眼出現的頻率。結果顯示：這類字詞使用的頻率

> 分析他人，其實是我們表達自己的需要和價值觀的一種方式。
> 將人們加以分類、判斷的做法會助長暴力。

和暴力事件發生的頻率有高度的相關性。相較於那些喜歡為他人貼上「好人」或「壞人」的標籤，並相信「壞人」應該受到懲罰的文化，那些著眼於人的需要的文化所發生的暴力事件要少得多。我對這樣的研究結果並不感到意外。就美國而言，在兒童最有可能觀看的時段所播放的電視影集中，大部分（高達百分之七十五）的男主角都會把壞人殺掉或者將他們痛毆一頓，而且這樣的場面往往被視為節目的「最高潮」，同時觀眾也都很樂於觀看這些暴力場面，因為他們相信「壞人應該受到懲罰」。

大多數的暴力——無論是語言暴力、情緒暴力或肢體暴力，無論發生在家人、種族還是國家之間——之所以會發生，都是因為人們在遇到衝突時，認為那是對方的錯，沒有考量彼此的感受、恐懼、渴望或不足等等脆弱的面向。在冷戰時期，我們就看到了這種危險的思維：美國的領導人將蘇聯視為「邪惡帝國」，認為他們一心一意要摧毀美國的生活方式。蘇聯的領袖則稱美國人民為「帝國主義的壓迫者」，認為他們一直努力征服蘇聯。雙方都沒有意識到這些標籤後面所隱藏的恐懼。

比較

另一個判斷他人的形式便是進行比較。丹・葛林柏（Dan Greenburg）在他的著作《如何讓自己活得很悲慘》（*How to Make Yourself Miserable*）中，以幽默的口吻說明了「比較」的心態在不知不覺間對我們造成的影響。他建議讀者如果真的很想讓自己的生活變得很淒慘，不妨養成拿自己和他人做比較的習慣。

比較是一種判斷的形式。

他為那些沒有這種習慣的人提供了幾個練習。在第一個練習中，他讓讀者觀看兩張照片。照片中分別有一個帥哥和一個美女。他們所代表的是現代媒體眼中的理想體型。然後，他請讀者測量自己的尺寸，再和照片上的數字做比較，看看兩者之間的差異。

這個練習果然達到了預期的效果：當我們做著這樣的比較時，開始感覺自己還真是可憐。不過，這還不算什麼。當我們翻到下一頁，才發現更令人沮喪的還在後頭。有鑑於形體之美比較膚淺，葛林柏接著便讓我們有機會針對生命中真正重要的事情——這輩子的成就——和別人做個比較。他宣稱他從電話簿裡隨便找了幾個名字，要讀者比較自己和那些人的成就。其中的第一個人便是莫札特。他先列出莫札特在十二歲時就會說的幾種語言以及他創作出來的重要樂曲，再請讀者想一想自己活到現在有何成就，並比較兩者間的差異。

經過這樣的練習後，有些人或許從此就認定自己實在很慘，但也由此可見，比較的心態，如何阻礙我們對自己和他人的善意。

推卸責任

另一種悖離生命的溝通方式就是推卸責任。我們每個人都要為自己的想法、感受和行動負起責任。當我們沒有在語言中彰顯這一點時，這樣的溝通便悖離了生命。我們經常使用的類似「**不得不**」這樣的字眼，例如：「有些事無論你喜不喜歡，都

> 我們所使用的語言，使我們無法覺察到個人應當承擔的責任。

不得不做」，就顯示我們可能沒有意識到要為自己的行為負責。另一個例子則是「讓……感覺……」，例如：「你讓我感到內疚。」藉著這樣的說法，我們也迴避了為自己的感受和想法所負起的責任。

漢娜·鄂蘭（Hannah Arendt）在她的著作《耶路撒冷的艾希曼》（*Eichmann in Jerusalem*）中記錄了納粹軍官阿道夫·艾希曼（Adolf Eichmann）以戰犯身分受審的過程。她在書中指出，艾希曼曾表示他和其他納粹軍官自有一套卸責的說法。他們稱之為「Amtssprache」。這個字眼大致上是「官僚語言」的意思。舉個例子，如果他們被問到為何要採取某個行動，他們就會回答：「我不得不那麼做。」如果你問為什麼「不得不那麼做」，他們就會說那是「上級的命令」、「公司的政策」或「法律的規定」等等。

當我們宣稱自己之所以會採取某個行動，是因為某個外在因素使然時，就是在推卸責任。這些所謂的外在因素可能包括：

- 不明確的非個人因素——「我的房間打掃好了，因為我非做不可。」
- 我們本身的狀況、疾病、個人的過往或心理因素——「因為我有酒癮，所以我才喝酒。」
- 他人的行為——「我的孩子跑到街道上去了，所以我才會打他。」
- 權威人士的命令——「是老闆叫我騙這個客戶的。」
- 群體壓力——「朋友都抽煙，所以我也跟著抽了。」
- 機構的政策、規章或條例——「你違反了規定，所以我只好讓你休學。因為這是學校的政策。」
- 個人基於性別、社會慣例或年紀而扮演的角色——「我

不想上班，但我有老婆和小孩要養，所以只好去了。」
- 無法控制的衝動──「我一時克制不住，就把那根糖果棒給吃了。」

　　有次，我和一些家長和老師討論，如果我們使用一種暗示自己沒有選擇的語言，可能會有什麼危險。結果有一個女士氣呼呼地表示她無法認同。她說：「有些事情不管你喜不喜歡，你就是非做不可呀！那麼，我如果告訴小孩有些事情他們也非做不可，這有什麼不對呢？」我請她舉例說明什麼事她「非做不可」，她說：「這太簡單了！今晚下課後我就必須回家做飯。我真的很不喜歡做飯！簡直討厭極了！但這二十年來我每天都做，就連我生了病，吐得一塌糊塗的時候也一樣，因為這些事情就是非做不可。」我告訴她：我聽到她這輩子花了這麼多時間做她明明不喜歡但又覺得非做不可的事情，感到很難過，希望她在學了非暴力溝通的語言後，可以有一些讓她比較開心的選擇。

　　所幸，她的學習能力很強。因此工作坊結束後，真的回家向家人宣布她不想再做飯了。三個星期後，她的兩個兒子來參加我主持的另一個工作坊。我問他們對母親的聲明有何反應。結果她的大兒子嘆了一口氣說道：「當時我心想：『真是謝天謝地呀！』」看到我一臉迷惑的表情，他解釋道：「我是在想：這樣一來，以後她吃飯時，可能就不會抱怨了！」

　　另有一次，我在某個學區擔任顧問，有位老師告訴我：「我

　　我們可以用「認為自己有選擇」的語言，來取代「暗示自己沒有選擇」的用語。

很不喜歡打分數。我不認為打分數對學生有什麼幫助，而且會讓他們變得很焦慮。但我又非打分數不可，因為那是我們學區的規定。」由於之前我才剛帶著這些老師練習如何在課堂上教導孩子們使用非暴力溝通的語言，藉此強化「每個人都要為自己的行為負責」的意識，於是我便建議這位老師，把她剛才所說的那句「我非打分數不可，因為那是我們學區的規定」，翻譯成：「我選擇要打分數，因為我希望……」這樣的說法。結果她毫不猶豫地答道：「我選擇打分數，因為我希望能保住我的飯碗。」然後，她又連忙補充道：「可是我不喜歡這麼說。這會讓我覺得我要為我所做的事情負責。」

「所以我才希望你這麼說呀。」我答道。

我很認同法國記者兼小說家喬治·貝爾納諾斯（George Bernanos）所說的這段話：

> 「長久以來，我一直在想：如果有一天摧毀的技術愈來愈有效率，以致終於讓人類從地球上消失，這絕非人性的殘酷所致，當然更不是因為那些殘忍之舉所引發的憤怒和報復行動……而是因為現代人太過溫馴、缺乏責任感，且卑屈地接受每一個公共命令所致。我們之前所看到的各種恐怖事件以及即將目睹的更恐怖的事件所透露的，並非是全球各地那些不願順從、難以馴服的反叛分子日益增加，而是那些溫馴的順民愈來愈多。」

沒有意識到要為自己的行為、想法和感受負責時，我們就成了危險人物。

其他幾種悖離生命的溝通形式

另一種讓我們無法表現善意的說話方式是：要求別人照著我們的意思做。所謂「要求」就是明示或暗示對方：他們如果不照做，就會受到責備或懲罰。這是我們的文化中普遍使用的溝通方式，尤其是那些有權力的人士。

關於「要求」這件事，我的孩子曾為我上了寶貴的一課。之前我不知怎地一直有種觀念，認為身為父親的我有責任要求孩子如何如何。但後來發現，無論再怎麼要求，都無法讓我的孩子去做任何事情。這對我而言真是一記當頭棒喝。我們都相信：身為父母、教師或經理人，有責任去改變我們的孩子、學生或員工，讓他們聽話、守規矩，然而孩子卻讓我明白，我無法要求他們去做任何事情，只能透過懲罰的手段讓他們後悔沒有照著我的話去做。但只要我笨得用處罰的方式讓他們後悔沒有照著我的話去做，他們就會有辦法讓我後悔用那樣的方式來對待他們。

稍後，在談到非暴力溝通很重要的一個部分：如何區分「請求」與「要求」時，將會再次探討這個主題。

「悖離生命的溝通方式」也和「有些行為應該受到獎勵，有些則應該受到處罰」的觀念有關。當人們使用像**「活該」**（deserve）這樣的字眼時，例如：「他做出那樣的事情，因此活該受到處罰。」就傳達了這種觀念。他們認為會做出某些事情的人必定是「壞人」，必須受到處罰才會悔過並做出改變。但我相信：當人們之所以改變，是因為他們明白這樣的改變對自己

> 我們永遠無法讓別人做任何事情。

有好處，而不是因為他們不想受到懲罰，這樣的改變才會對大家都有好處。

　　我們從小到大所使用的語言讓我們很容易去要求別人、判斷別人、與他人比較並為他們貼標籤，卻鮮少察覺自己的感受和需要。我相信我們之所以會採用「悖離生命的溝通方式」，是因為數百年來人們普遍相信人性本惡，且有諸多不足之處，必須透過教育的手段來壓制我們的卑劣天性。但這樣的教育方式往往讓我們懷疑自己的感受和需要可能哪裡錯了，以致逐漸與自己的內心世界隔絕。

　　「悖離生命的溝通方式」乃是階級社會或專制社會（一小撮人為了自我的利益而統治絕大多數人的一種社會形態）的產物，但它同時也鞏固了階級統治的架構。那些統治者，如國王、皇帝和貴族等等，為了自己的好處，無不希望透過教育方式，培養人民的奴性，而諸如「**應該**」、「**必須**」等暗示別人有錯的語言，正好符合他們的目的。這是因為：人們愈是習慣判斷是非對錯，就愈容易遵從權威人士對「是非對錯」所下的定義，而無視於自己內心的感受。當我們開始聆聽自己內心的感受和需要時，就不會再像奴隸一般唯命是從了。

總結

　　人類的天性是慈悲友善、樂於施受的，但因為學到了許多「悖離生命的溝通方式」，以致很容易說出傷害自己和別人的話語，做出損人不利己的行為。有一種「悖離生命的溝通方式」

> 從「誰應該受到（獎勵或處罰）」的角度來思考事情，將會使人無法進行善意的溝通。

是從道德的角度判斷別人，暗示那些不符合我們價值觀的人是不對的或不好的。另一種方式則是「和別人做比較」，以致我們難以展現對自己和他人的善意。此外，「悖離生命的溝通方式」也會使我們無法認清「每個人要為自己的想法、感受和行為負責」的事實。最後，這類阻礙慈悲心的溝通方式所使用的語言還有一個特色，那就是：以「要求」的形式來表達自己的渴望。

悖離生命的溝通是千百年來的哲學觀點與政治環境的產物。

第三章
觀察而不評論

要觀察！沒有什麼事情比這更重要。
　　——美國作家弗雷德里克·布希納（Frederick Buechner）

你可以說我做了什麼、什麼沒做。
也可以解讀我的話語或行為。
兩者我都可以承受。
但請勿將它們混合。

如果你想讓我感到困惑，
你可以這樣做：
將我的行為和你的反應
摻雜在一起說出口。

你可以說你看到我沒做家事，
心裡很是失望，
但罵我「不負責任」，
一點都不會讓我更想幫忙。

你可以說我拒絕你的追求，讓你頗為受傷，
但罵我是個「木頭人」，
並不會讓你將來更有希望。

是的，你可以說我做了什麼、什麼沒做。

也可以解讀我的話語或行為。

兩者我都可以承受。

但請勿將它們混合。

——馬歇爾·盧森堡

　　非暴力溝通的第一個要素就是要區分「觀察」與「評論」的不同。我們必須清楚而客觀地陳述看到、聽到或碰觸到、且對我們造成影響的事物，不摻雜任何評論。

　　在非暴力溝通中，觀察是一個很重要的元素。我們希望能夠清楚而誠實地向他人表達我們的處境。加入自己主觀的評論時，對方比較不可能把我們所想要傳達的訊息聽進去，反而會認為我們在批評，因而產生抗拒的心理。

　　非暴力溝通並不要求我們完全保持客觀，不做任何評論，只是不能把「觀察」與「評論」混為一談。非暴力溝通是一種「動態的語言」。根據它的原則，我們應該避免做一成不變、概括性的陳述，而是根據當下脈絡中所觀察到的事實進行評論。語意學家溫德爾·強森（Wendell Johnson）曾經指出，我們之所以會面臨這麼多的問題，是因為我們經常以靜態的語言來表達或捕捉變動不居的事實。他說：「我們的語言是由蒙昧時代的古人所創造出來的一個不完美的工具，是屬於泛靈論時代的語言，以致我們喜歡談論事物的穩定性、相似性、常態與種類、各種神奇的轉變、立竿見影的對策、簡單的問題以及最終的解決方式等。然而，真實的世界卻是一個逐漸演變的過程，充滿了各種

> 陳述自己觀察到的事實時，如果加上自己的評論，人們很容易會認為我們在批評他們。

變化與差異，有不同的維度、變數與關係，而且人們會成長、互動、進化、學習並且應付各種複雜的情境。我們所面臨的問題有一部分是因為：我們所使用的這種相對靜態的語言，跟不上這個變動不居的世界。」

我的同仁魯思·貝本梅爾曾經寫過一首歌曲，說明「評論」和「觀察」兩者之間的不同。我們從中可以看出「靜態的語言」和「動態的語言」之間的對比。

我從未見過一個懶惰的男人；
我看到的是一個從未在我面前跑步、
偶爾會睡個午覺，而且一下雨就不想出門的人。
但他並不是一個懶惰的人。
在你說我瘋癲之前，
請先想一想：他真的是一個懶惰的人嗎？
抑或他只是做了一些被我們貼了「懶惰」標籤的事？

我從未見過一個愚蠢的孩子；
我看到的是一個有時會做出令我不解的事
或出乎我意料之外的舉動的孩子；
他沒有我的閱歷和經驗，
但他不是一個愚蠢的孩子。
在你說他愚蠢之前，
請想一想，他真的是一個愚蠢的孩子嗎？
抑或只是他知道的東西和你不同？

我舉目四望，極力找尋，

卻從未見過一個廚子；
我看到的是一個將各種食材融合，
做成我們的食物的人，
一個把爐火打開，看著炊肉的灶台的人。
我看到的只是這些，但沒看到一個廚子。
請告訴我，當你觀看時，
是否看到了一個廚子？
抑或只是做著我們所稱的「烹飪」之事的人？

有些人口中的「懶惰」，
在別人眼中是「疲倦」或「放鬆」，
有些人所謂的「愚蠢」，
是他人所說的「認知上的不同」。

於是我得到了一個結論：
如果我們不將自己眼中所見
摻雜自身的想法和意見，
就可以避免混淆。
但這只是我個人的意見。

——魯思·貝本梅爾

　　諸如「懶惰」和「愚蠢」等負面的標籤所造成的影響，雖然比較明顯，但即使是像「廚子」這樣正向或中性的標籤，也可能會使我們在看待一個人時，有以偏概全、以管窺豹之虞。

人類智慧的最高形式

印度哲學家克里希那穆提（J. Krishnamurti）曾說：觀察而不評論，是人類智慧最高的形式。我第一次讀到這句話時，腦海裡立刻閃現一個念頭：「胡說八道！」之後才猛然發現自己剛才就下了一個評論。對大多數人而言，要客觀地陳述自己所看到的人與事，而不做任何判斷、批評或分析，是很困難的。

有次我在一所小學幫忙，深深體會到這一點。那所學校的教職員和校長之間，經常出現溝通不良的現象。於是該區的督學便請我幫忙化解紛爭。我打算先和教職員們談一談，再請校長加入討論。

我和那些教職員談話時劈頭便問他們：「校長做了什麼不符合你們需要的事？」

馬上就有人回答：「他是個大嘴巴！」我要的是客觀的陳述，但「大嘴巴」這樣的字眼雖然讓我知道這個老師對校長有何評論，卻並未說明校長究竟**說了什麼**或**做了什麼**，讓那個老師覺得他是個「大嘴巴」。

當我指出這一點時，另外一位老師說道：「我懂他的意思。他是說：『校長太多話了！』」但這句話也沒有清楚陳述校長的行為，只評論他說了多少話，因此也是一種「評論」。接著，又有一位老師說：「他以為只有他想說的話才重要！」我告訴他們：推測別人的想法和觀察他的行為是兩碼事。最後，有一個老師指出：「他總是想成為大家矚目的焦點。」當我告訴他們猜測別人想要什麼也是一種推論時，有兩位老師不約而同地說道：「欸，你的問題很難回答耶！」

後來，我們一起擬了一份清單，明確列出校長所做的那些

讓他們感到困擾的**特定行為**，不做任何評論。他們所舉的例子包括：在召開教職員會議時，校長喜歡講述自己的童年往事和參戰經驗，以致會議往往無法準時結束，有時甚至超出二十分鐘。我問老師們是否曾經向校長表達他們的不滿，他們說曾經試過，但都是透過具有評論意味的言辭，從未針對特定的行為（例如他喜歡話說當年的毛病）。最後老師們同意在下次大家一起和校長開會時，把這些事情提出來。

到了會議舉行時，我很快就發現校長果然像老師們所說的那樣：無論大家討論到什麼問題，他總是會插嘴說：「想當年……」然後就開始說起他的童年往事或打仗經驗。我靜靜等待著，想看那些教職員是否會向校長表達他們的不滿。然而，他們沒有使用「非暴力溝通」，而是以肢體語言表示抗議：有些人開始翻白眼；有些人故意打呵欠；還有人一直看著手錶。

這樣的場面甚是難堪，最後我終於問道：「沒有人要說些什麼嗎？」之後又是一陣令人尷尬的沉默。上回開會時第一個發言的那位老師終於鼓起勇氣，直視著校長，對他說道：「艾德，你真是個大嘴巴。」

這個故事顯示：我們有時真的很難擺脫過去的習慣，學會區分「觀察」與「評論」之間的差異。無論如何，那些老師最後終於明明白白地告訴校長，他們對他的哪些行為感到在意，而後者也很認真聆聽並說：「你們之前怎麼不說呢？」他說他也知道自己有喜歡「講古」的毛病，之後便開始說起一件與此相關的往事。我見狀便趕緊打斷他的話，婉轉提醒他又犯了這個毛病。最後，我們大家一起商量，以後老師們不喜歡聽校長講古時，可以用哪些比較溫和的方式提醒他。

區分「觀察」與「評論」的不同

下面這張表顯示「不帶評論意味的觀察」和「帶有評論意味的觀察」有何不同。

溝通方式	帶有評論意味的觀察	不帶評論意味的觀察
1. 說話者並未為自己的評論負起責任	你太慷慨了。	看到你把午飯錢通通給了別人，我認為你實在太慷慨了。
2. 使用帶有評論意味的語詞	道格做事總是拖拖拉拉的。	道格總是等到考試前一天晚上才開始看書。
3. 說話者在推斷他人的想法、感受、意向和需要時，暗示別的可能性並不存在	她不會把她的作品交出去的。	我不認為她會把她的作品交出去。 或者 她說：「我不會把我的作品交出去的。」
4. 把自己的預測當成確定的事實	你如果飲食不均衡，健康就會受損。	你如果飲食不均衡，我擔心你的健康可能會受損。
5. 指涉的對象不明確	移民從來都不照管自己的房地產。	我從來沒看過住在羅斯街 1679 號的那家移民，鏟過他們的人行道上的雪。
6. 在談論他人的能力時，並未表明那只是自己所做的評論。	漢克‧史密斯是個差勁的足球員。	漢克‧史密斯在二十場比賽中，從未踢進一球。
7. 使用含有評論意味的副詞或形容詞	吉姆長得很醜。	吉姆的長相並不吸引我。

注意：「**總是**」、「**從來不**」、「**曾經**」、「**每次**」等字眼，在以下這類用法中，表達的是自己觀察到的事實：

- 我每次看傑克講電話，都發現他一講就是三十分鐘以上。
- 我不記得你曾經寫信給我。

有時這些字眼會被用來誇大事實。這類的觀察中就帶有評論的成分：

- 你總是很忙。
- 他們需要她的時候，她從來都不在。

如果你用這些字眼來誇大事實，聽者往往會急於為自己辯解，反而無法對你產生善意。

類似「**經常**」和「**很少**」等字眼，也可能會使你所說的話語，帶有評論的意味，而不再是純粹的觀察。

評論	觀察
你很少照著我的心意去做。	之前我有三次提議去做某個活動，但你都說你不想去。
他經常過來。	他一個星期至少過來三次。

總結

非暴力溝通的第一個要素是區分「觀察」與「評論」之間的差異。當我們在觀察中加入自己的評論時，對方往往會認為我們在批評他們，並因而產生抗拒的心理。非暴力溝通是一種動態的語言，並不鼓勵人們做靜態、概括性的陳述。相反的，

在陳述我們觀察到的事實時，要說出明確的時間和背景，例如：「漢克‧史密斯在二十場比賽中從未踢進一球。」而非「漢克‧史密斯是個差勁的足球員。」

非暴力溝通應用實例

「我們遇過的最傲慢的講者！」

　　這段對話發生在我帶領的一個工作坊。那堂課，我講了大約半小時之後，便請參加的學員談談他們的心得。其中有一個人舉手說：「你是我們遇過的最傲慢的講者！」

　　當有人這樣對我說話時，我可以選擇的回應的方式有好幾種。其中之一便是認為那是我的錯，因而想要低頭討好對方、替自己辯護或為自己找藉口。另外一個方式（也是我過去時常選擇的方式），便是認為對方在攻擊我，因而開始反擊。但當時我選擇了第三種方式：去探討他為何會那麼說。

盧森堡：（揣測對方為何會這麼說）你會這麼說，是不是因
　　　　為我說了三十分鐘後，才讓你們有機會發言？
菲爾：不是，是因為你把它說得太容易了。
盧森堡：（試著釐清對方的意思）是不是因為我沒有提到這
　　　　種方法對某些人來說可能並不容易運用？
菲爾：不，不是某些人，而是你！
盧森堡：那麼，你說我傲慢，是因為我沒有提到，這種方
　　　　法有時候對我來說，也不是這麼容易運用？
菲爾：沒錯。
盧森堡：你之所以不高興，是不是因為你希望我能告訴你
　　　　們，我自己在使用這種溝通方法時，偶爾也會碰

到一些問題？

菲爾：（猶豫了一會兒）沒錯。

盧森堡：（在了解對方的感受和需要後，我就比較安心了，於是我開始思索他可能對我有什麼請求）你是不是希望此時此刻，我能夠承認，我自己在運用這個方法的時候，也會遇到一些困難？

菲爾：是的。

盧森堡：（在釐清他的觀察、感受、需要和請求後，我便回到自己的內心，問自己是否願意依照他的請求來做）沒錯，這種方法對我來說往往並不容易。在接下來的課程中，你們可能會聽我談到我之前在運用這種方法時，遇到了什麼樣的困難，有時甚至完全做不到。但只要我能夠運用得當，就可以和他人建立密切的連結。因此，儘管這並不容易，我到現在還是很願意努力嘗試。

練習一

「觀察」或「評論」?

　　為了判定你是否能夠很熟練地區分「觀察」與「評論」，請完成以下練習。在下列的陳述句中，有哪些是純粹的「觀察」，沒有評論的意味？請把句首的數字圈起來。

1.「約翰昨天莫名其妙地生我的氣。」
2.「南西昨天晚上一邊看電視，一邊咬指甲。」
3.「山姆在開會時沒有詢問我的意見。」
4.「我父親是個好人。」
5.「珍妮絲工作過度。」
6.「亨利很好鬥。」
7.「潘蜜這個星期每天都排在第一位。」
8.「我兒子經常沒刷牙。」
9.「路克說我穿黃色的衣服不好看。」
10.「我每次和姑姑講話時，她都一直在抱怨。」

　　以下是我的回應：

1. 如果你圈起這句，表示我們的看法不同。我認為「莫名其妙」是一種評論。此外，我認為推測約翰生氣也是一種評論，事實上，他可能是感到委屈、害怕、悲傷等等。如果你要陳述觀察而不帶任何評論，可以說：「約

翰告訴我，他生氣了。」或者「約翰用拳頭捶著桌子。」

2. 如果你圈起這句，表示我們的看法一致。我們都認為這句話是陳述觀察，不帶任何評論。

3. 如果你圈起這句，表示我們的看法一致。我們都認為這句話是陳述觀察，不帶任何評論。

4. 如果你圈起這句，表示我們的看法不同。我認為「好人」是一種評論。如果你想陳述觀察而不帶任何評論，可以說：「過去這二十五年來，我父親一直把十分之一的薪水捐給慈善機構。」

5. 如果你圈起這句，表示我們的看法不同。我認為「過度」是一種評論。如果你想陳述觀察而不帶任何評論，可以說：「珍妮絲這個星期在辦公室裡待了六十個小時以上。」

6. 如果你圈起這句，表示我們的看法不同。我認為「好鬥」是一種評論。如果你想陳述觀察而不帶任何評論，可以說：「亨利的妹妹轉換電視頻道時，他就動手打她。」

7. 如果你圈起這句，表示我們的看法一致。我們都認為這句話是陳述觀察，不帶任何評論。

8. 如果你圈起這句，表示我們的看法不同。我認為「經常」是一種評論。如果你想陳述觀察而不帶任何評論，可以說：「我的兒子這個星期有兩天沒有刷牙就直接上床睡覺了。」

9. 如果你圈起這句，表示我們的看法一致。我們都認為這句話是在陳述觀察，不帶任何評論。

10.如果你圈起這句，表示我們的看法不同。我認為「抱怨」是一種評論。如果你想陳述觀察而不帶任何評論，可以說：「我的姑姑這個星期打了三通電話給我，而且每次都在談論別人如何以她所不喜歡的方式對待她。」

面具

她那隻纖細的手裡總是拿著一個面具。
它發著白光，遮住她的臉兒。

她的手腕輕輕地握住那面具，
把她的臉兒遮得很好。
但那掂著面具的指尖，
是否偶爾曾經微微顫動？

年復一年，我雖好奇，
卻不敢動問。
後來我無意中看到了面具後的光景，
這才發現，
她根本沒有臉。

她已經成為
一隻優雅地拿著面具的手。

——佚名

第四章
辨識並表達你的感受

非暴力溝通的第一個要素是觀察而不評論，第二個要素則是表達自己內心的感受。心理分析大師羅洛·梅（Rollo May）曾經表示：「成熟的人能夠辨別各種微細的感受，包括強烈激昂的經驗和微妙、不易察覺的感受，就像交響樂曲中各種不同的樂段一般。」然而，對大多數人而言，我們所能辨識的感受就如同他所形容的，「像是號角所能吹出的音符，非常有限。」

未表明感受而付出難以承受的代價

我們用來罵人的字眼，往往多過描述自己情緒狀態的字眼。我曾經在美國的學校裡待了廿一年，但我不記得那段期間有任何人問過我有什麼感受。當時，一般人都認為感受並不重要，重要的是要有「正確的思考方式」，至於什麼才是「正確的思考方式」，則是由那些有身分地位和權力的人士所界定的。我們被訓練成以他人為導向，而非接觸自己的內心。我們逐漸學會「用頭腦」，並且總是想著：「我該怎麼說、怎麼做才對？別人會怎麼想？」

我回想起自己大約九歲時和一位老師的對話。那次經驗正好可以說明我們從小是如何被教導成忽視自己的感受。那天放學後，因為外面有幾個男生正等著要揍我一頓，我躲在教室裡不敢出去。一位老師看到了我，請我離開學校。當我告訴她，我不敢出去時，她口氣堅定地說道：「你是大男生了！有什麼好

怕的？」幾年後，我參加體育活動時再度面臨了類似的狀況。當時，教練們都認為那些願意「全力以赴」、無論身體多麼疼痛都不放棄的運動員才是可造之材，而我也一直將這點謹記在心，不敢或忘，因此後來我雖然手腕骨折，卻沒有去治療，還繼續打了一個月的棒球。

有次在非暴力溝通的工作坊，有位大學生提到他的室友喜歡在三更半夜把音響開得很大聲，吵得他睡不著覺。當我請他表達他在這種情況下的感受時，他說：「我覺得在晚上把音樂放得這麼大聲是不對的。」我告訴他，他雖然用了「**覺得**」這兩個字，但他所表達的其實是他的意見，而非感受。當我請他再次試著表達感受，他說：「我覺得那樣做會干擾到別人。」我告訴他，這仍然是一個意見而非感受。他聽了沉思了好一會兒，接著便沒好氣地說道：「我對這件事沒有任何感受。」

這位大學生顯然有強烈的感受，只可惜他不知道如何覺察，當然更無法加以表達。這是一個很普遍的現象。根據我的經驗，律師、工程師、警察、公司經理人和職業軍人，因為職業的關係，不能輕易流露自己的情感，因此這樣的現象更加嚴重。就家庭而言，如果家人之間無法交流情感，將會付出很大的代價。美國的鄉村女歌手瑞芭‧麥肯泰爾（Reba McEntire）在她的父親去世後寫了一首歌，名為〈我未曾認識的偉人〉（The Greatest Man I Never Knew），表達了她對自己從未能和父親建立情感連結的感慨。毫無疑問，這也是許多人共同的心聲。

我經常聽到這樣的話：「你不要誤會我的意思。我先生是一個好男人，但我從來不知道他有什麼感受。」有一名婦人也有這種抱怨。她把先生帶到工作坊，上課時，她對他說：「我覺得我好像嫁給了一堵牆。」但那先生只是木然地坐在那兒，一

聲不吭，果然很像一堵牆。太太一氣之下，便轉身對我大聲說道：「你看吧！他每次都是這個樣子，光是坐在那兒，一句話也不說。我真的好像在和一堵牆過日子。」

我對她說：「妳聽起來好像很孤單，希望和妳的丈夫有更多情感上的連結。」她認同我的看法後，我便試著讓她明白類似「我覺得我好像在和一堵牆過日子」這樣的話，不太可能會讓她的丈夫注意到她的感受和需要。她的目的雖然是要和她的丈夫建立情感上的連結，但後者卻很可能會認為她在批評他，更何況這類話語最後往往會真的應驗。舉例來說，當丈夫聽到太太批評他像一堵牆壁時，他會覺得委屈、氣餒，因而不想回應，最後就真的變成一堵牆了。

如果能提升表達自身感受的能力，不僅有利於我們的親密關係，對職場的人際關係也會有幫助。有次，瑞士一家大公司的科技部門發現其他部門的人員都躲著他們，不太願意和他們打交道，便請我前去輔導。當我詢問其他部門的人員個中原因，他們表示：「他們那裡的人講話就像機器一樣，所以我們都不喜歡找他們諮詢！」當我花了一段時間為科技部門的人員上課，鼓勵他們以更有人味的方式和同事溝通後，情況就改善了。

再舉一個例子。有回我應邀為一家醫院的管理階層擔任顧問。他們告訴我之前提出一項管理計畫，卻在投票時被院裡的醫師以十七比一的票數否決了。如今他們即將和那些醫師再次開會，因此很希望我能教他們如何運用非暴力溝通來取得那些醫師的支持。

我們在課堂上練習角色扮演時，我一開始便以管理人員的口氣說道：「我提出這個議題，心裡實在非常惶恐。」我之所以這麼說，是因為我察覺到他們對這次和醫師們重啟協商有著諸

多恐懼。但我還沒來得及繼續往下講，就被一名管理人員打斷了。他抗議道：「這太不切實際了！我們絕不能告訴那些醫師我們有多麼害怕。」

當我問他為何不能承認自己的恐懼時，他毫不猶豫地答道：「如果我們承認了，他們一定會把我們抨擊得體無完膚。」這樣的答覆一點都不讓我感到意外，因為經常有人告訴我，他們無法想像自己在工作場所表達感受會是什麼樣的光景。儘管如此，後來實際開會時，還是有一位行政人員決定鼓起勇表達他的心情，讓我感到頗為欣慰。他不再像平常那樣訴諸邏輯與理性，不帶任何感情。相反的，他陳述了自己的心情，說明他為何希望醫師能改變立場。結果他發現醫師的反應和從前大不相同，不但沒有將他「抨擊得體無完膚」，反而改變了立場，以十七比一的票數通過了那項計畫，讓他非常驚訝，也因此如釋重負。這個戲劇性的轉變讓那些行政人員體會到：如果你能表現自己軟弱的那一面，有可能會造成很大的影響，即使在工作場所也是如此。

最後，讓我告訴你們我個人的一次親身體驗。它讓我明白隱藏自己的感受可能會有什麼後果。有一段期間，我在市中心貧民區的一所學校教授一門非暴力溝通課程。第一天，我走進教室時，原本正在吱吱喳喳聊天的學生突然變得鴉雀無聲。我和他們打招呼：「早安！」，但他們卻一聲不響。我雖然心裡很不舒服，卻不敢表達出來，而是以很專業的口吻繼續說道：「在這門課當中，我們將會研究一種溝通的方法，希望有助於你們

表達我們內心的脆弱可能有助於化解衝突。

和家人以及朋友之間的關係。」

　　而後，我繼續講述有關非暴力溝通的種種，但他們似乎根本沒在聆聽。有個女孩在她的袋子裡搜尋，找出了一把銼刀，開始起勁地銼著她的指甲。坐在靠窗座位上的那些學生則一個個把臉貼在窗戶上，彷彿樓下的街道上發生了什麼有趣的事情。我心裡愈來愈不自在，但仍舊沒說出來。最後，有個學生（他顯然比我更勇敢）大聲說道：「我看你是不喜歡和黑人在一起吧！不是嗎？」我嚇了一跳，但立刻就意識到他之所以會這麼想，有一部分應該是因為我試圖隱藏我的不舒服。

　　「我**確實**很不自在。」我告訴他們。「但不是因為你們是黑人，而是因為我不認識你們當中任何一個人，我希望進入教室後，你們能夠接納我。」當我如此表達自己脆弱的那一面，學生們的態度便有了明顯的改變。他們開始問起有關我的種種，並向我透露他們自己的事情，甚至開始對非暴力溝通感到好奇。

「感受」與「非感受」

　　在我們的語言中，經常出現一個令人很困惑的現象：說話時雖然使用「感覺」、「覺得」這些字眼，但實際上卻沒有表達出任何感受。舉例來說，在「我覺得這樣的安排對我並不公平」這個句子中，「我覺得」這幾個字應該用「我認為」來取代才比較精準。一般說來，當「覺得」這兩個字後面出現以下的字眼，說話者並未清楚表達自己的感受：

　　區分「感受」與「想法」。

1.「似乎」、「好像」：
「我覺得你**似乎**有些不明事理。」
「我覺得自己**好像**一個失敗者。」
「我覺得我**似乎**是在和一堵牆壁一起生活。」

2.「我」、「你」、「他」、「她」、「他們」、「它」等代名詞：
「我感覺**我**總是在待命。」
「我覺得**那樣做**是沒有用的。」

3. 人名或指稱某些人士的名詞：
「我覺得**艾美**很負責任。」
「我覺得**我的**老闆正在操控我們。」

相反的，我們在表達感受時並不一定要用到「感覺」這個字眼。舉例來說，我們可以說「我覺得很火大」，也可以說「我很火大」就行了。

在非暴力溝通的語言中，要區分清楚：哪些字眼表達的是我們實際的感受？哪些字眼是在描述**我們對自己的想法**？

1. 描述我們對自身想法的字眼：
「我覺得我是一個**不合格**的吉他手。」
在這個陳述中，並未清楚表達自己的感受，而是在評估自己是否有能力當一個吉他手。

> 區分「我們的感受」和「我們對自己的想法」。

2. 表達實際感受的字眼：

「作為一個吉他手，我對自己感到**失望**。」

「作為一個吉他手，我對自己感到**不耐煩**。」

「作為一個吉他手，我覺得很**挫折**。」

因此，當我說自己是一個「不合格」的吉他手時，實際的感受可能是失望、不耐、挫折或別的情緒。

同樣的，我們也要區分清楚：哪些字眼是在描述我們對別人行為的想法？哪些字眼是在描述我們實際的感受？以下這些陳述很容易被誤以為是在表達感受，但事實上它們所透露的是**我們對別人行為的想法**，而非我們實際的感受。

1.「我覺得我的同事看不起我。」

「看不起」這個字眼是在描述想法，即我認為別人如何評論我，而非實際的感受。說話者實際的感受可能是「感到**悲傷**」或「感到**沮喪**」。

2.「我覺得我受到了**誤解**。」

「受到誤解」這個字眼描述的是想法，即我認為他人並不了解我，而非實際的感受。此處說話者的感受可能是**焦慮**、**不快**或其他感受。

3.「我覺得我受到了**冷落**。」

區分「我們的感受」和「我們對他人的反應與行為的想法」。

這句話同樣是在對他人的行為做出詮釋，並未清楚說明自己的感受。事實上，我們在被別人冷落時，偶爾會有**如釋重負**的感受，因為我們當時並不希望受到別人矚目。但如果我們很想參與別人的活動，受到冷落時，自然就會有**受傷**的感覺。

「受到忽視」這樣的字眼表達的是我們**對他人行為的詮釋**，而非我們的**感受**。類似的字眼還包括：

被遺棄	不受信任	受到奚落
受到虐待	被打斷	受到排斥
受到攻擊	受到恫嚇	被視為理所當然
受到背叛	不受支持	受到威脅
受到束縛	受人操控	不受賞識
受到霸凌	受到誤解	不被理睬
受到欺騙	受到忽視	不被看見
受到脅迫	工作過度	無人支持
被強拉	被施予恩惠	不被需要
被逼到絕境	被施壓	被利用
被貶低	受到挑釁	

擴充表達感受的字彙

表達自身的感受時，用詞最好明確具體，不要使用意思模糊籠統的字眼。舉例來說，如果我們說：「我覺得那樣很好。」

此處「**很好**」的意思並不明確，可能是指開心、興奮，也可能是指鬆了一口氣或者其他的情緒。因此，類似「**好**」或「**不好**」這樣的字眼，會使聽者不容易和我們實際的感受連結。

　　以下清單列出了許多字彙，讓你更能明確地說出自己的感受，清楚描述各種情緒狀態。

當需要被滿足時可能會產生的感受			
全神貫注	聚精會神	感動	敢冒險
生氣蓬勃	樂觀	溫柔親切	有朝氣
喜出望外	機敏	充滿熱忱	受寵若驚
充滿活力	興奮	心平氣和	驚奇
開朗	活潑	被逗樂了	心胸開闊
有樂趣的	熱烈	充滿期待	喜悅
感激	著迷	自豪	熱心
自由自在	安靜	振作	友善
容光煥發	驚訝	滿足	興高采烈
幸福	高興	神清氣爽	扣人心弦
笑逐顏開	放鬆	輕鬆愉快	光榮
如釋重負	平靜	熱情洋溢	滿意
無憂無慮	心情好	安心	開心
感謝	靈敏	舒服	心滿意足
安詳	得意	快樂	入迷
沉著鎮定	樂於助人	棒極了	關心
滿懷希望	受到激勵	有信心	好學
驚喜	知足	受啟發	溫柔
冷靜	熱切	感恩	好奇

感興趣	激動	讚嘆	受到吸引
觸動	歡快	精力充沛	平靜
殷切盼望	熱衷	信任	奔放
歡樂	樂觀開朗	欣喜若狂	喜氣洋洋
溫暖	活躍	亢奮	清醒
歡欣鼓舞	有愛心	美好	陶醉
溫和自在	風趣	得支持	輕快
積極有力	歡喜		

當需要未被滿足時可能會產生的感受：

害怕	厭惡	緊繃	惱火
灰心	怒不可遏	心緒不寧	喪膽
惱恨	驚慌	不開心	心煩
冷漠	不安	嫉妒	生氣
苦惱	恐慌	痛苦	煩憂
激動	不快	垂頭喪氣	懶惰
急切	枯燥	猜疑	無感
呆滯	無精打采	憂慮	煩躁
倦怠	嫌惡	尷尬	寂寞
羞愧	怨恨	發狂	委靡不振
被激怒	刻薄	困惑	精疲力竭
悲慘	苦澀	疲憊	悶悶不樂
乏味	恐懼	陰鬱	憂鬱
坐立不安	悲切	無聊	孤零零
緊張	心碎	驚恐	不爽
懊喪	挫折	麻木	冷若冰霜

暴怒	受不了	擔心	鬱鬱寡歡
慌張	困惑	內疚	消極
冷淡	煩擾	不知所措	發怒
沉重	悲觀	情緒低落	無助
茫然	沮喪	猶豫	怨恨
絕望	可怕	不情願	消沉
驚駭	反感	心不在焉	懷有敵意
憎惡	不滿	急躁	焦躁
失望	無趣	悲傷	洩氣
受傷	驚嚇	幻滅	不耐煩
敏感	不悅	不感興趣	膽顫心驚
震驚	嚇壞了	心煩意亂	懷疑
疲倦	易怒	昏昏欲睡	為難
煩惱	憂傷	不舒服	厭煩
難過	不關心	疲勞	了無生氣
不自在	退縮	吃了一驚	抓狂
傷心欲絕	驚訝	不快樂	擔憂
起了疑心	氣餒	可憐	不熱烈
不穩定			

總結

　　在表達自己時，第二個要素就是要能夠說出自己的感受。如果能夠充實與感受有關的字彙，因而得以清楚明確地表達自己的情緒，就更容易與他人連結。此外，如果能夠允許自己表達內心的感受，展現出脆弱的那一面，也會有助於化解衝突。在非暴力溝通的概念中，用來表達實際感受的語言和那些用來描述自己的想法、評估和詮釋的語言並不相同。

練習二

表達感受

　　下列的句子中，有哪些是在表達自己的感受呢？如果你想看看我們在這方面的意見是否一致，請把這類句子前面的號碼圈起來。

1.「我覺得你不愛我。」

2.「你要走了，我很傷心。」

3.「聽你那麼說，我覺得很害怕。」

4.「你沒和我打招呼的時候，我就感覺自己受到了冷落。」

5.「你能來，我很高興。」

6.「你真噁心！」

7.「我很想揍你。」

8.「我覺得自己受到了誤解。」

9.「你幫我做那些事情，我覺得很好。」

10.「我很沒用。」

　　以下是我的回應：

1. 如果你圈起這句，表示我們的看法不同。我不認為「你不愛我」是一種感受。對我來說，這句話表達的是說話者對他人的感受的想法，並未透露自己的感受。當「**我覺得**」這幾個字後面跟著「**我**」、「**你**」、「**他**」、「**她**」、

「他們」、「它」、「好像」、「似乎」等字眼時，所表達的大體上都不是我所謂的「感受」。在這個例子中，說話者可以用「我很傷心」或「我感到很痛苦」之類的話語來表達自己的感受。

2. 如果你圈起這句，表示我們的看法一致。我們都認為這句話表達出說話者的感受。

3. 如果你圈起這句，表示我們的看法一致。我們都認為這句話表達出說話者的感受。

4. 如果你圈起這句，表示我們的看法不同。我不認為「受到冷落」是一種感受。對我來說，這句話表達的是說話者對他人行為的想法。在這個例子當中，說話者可以用「當你沒在門口和我打招呼時，我感到孤單」來表達自己的感受。

5. 如果你圈起這句，表示我們的看法一致。我們都認為這句話表達出說話者的感受。

6. 如果你圈起這句，表示我們的看法不同。我不認為「噁心」是一種感受。對我來說，這句話表達的是說話者對另外一個人的想法，而非他（她）自身的感受。在這個例子當中，說話者可以用「我覺得噁心」之類的話語來表達自己的感受。

7. 如果你圈起這句，表示我們的看法不同。我不認為「想揍你」是一種感受。對我來說，這句話表達的是說話者想做的事，而非他（她）自身的感受。在這個例子當中，說話者可以用「我很氣你」之類的話語來表達自己的感

受。

8. 如果你圈起這句，表示我們的看法不同。我不認為「受到誤解」是一種感受。對我來說，這句話表達的是說話者對他人行為的想法。在這個例子當中，說話者可以用「我感到挫折」或「我感到氣餒」之類的話語來表達自己的感受。

9. 如果你圈起這句，表示我們的看法相同。我們都認為這句話已經表達出說話者的感受。但「**好**」這個字眼用來傳達一種感受時，有太過模糊之嫌。通常我們可以用其他字眼（例如：「**鬆了一口氣**」、「**欣慰**」或「**備受鼓舞**」等）來把自己的感受表達得更清楚一些。

10. 如果你圈起這句，表示我們的看法不同。我不認為「沒用」是一種感受。對我來說，這句話表達的是說話者對自己的想法。在這個例子當中，說話者可以用「我對自己的才能有些懷疑」或「我覺得很苦惱」等話語來表達自己的感受。

第五章
為自身的感受負責

人們之所以苦惱，並非因為事件本身，
而是因為他們對事件的看法。

——古羅馬哲學家愛比克泰德（Epictetus）

聽到負面訊息時的四種反應

　　非暴力溝通的第三個要素是要認清自身的感受源自何處。透過非暴力溝通，我們更加了解：他人的言語或行為或許會**激發**我們的感受，但絕非產生這些感受的**原因**。我們明白：我們的感受是源自我們**選擇**看待他人的語言與行為的方式，以及我們當時的需要與期望。因此，我們要為自己的感受負責。

　　當別人透過語言或其他方式對我們發出一個負面的訊息時，我們可以選擇用四種不同的方式面對。其中之一便是：認為對方是在指責你或批評你。例如，當有人氣憤地說：「你是我所見過的最自我中心的人」，我們如果選擇認為是自己不好，可能就會表示：「喔，不好意思，我應該更體貼一點！」也就是說，我們會接受對方的判斷並且自責。選擇這種方式往往會讓我們感到歉疚、羞愧和沮喪，對自尊心造成很大的傷害。

　　第二種方式是怪罪對方。例如，當我們聽到「你是我所見

> 他人的行為可能會刺激我們的感受，但並非是讓我們產生感受的原因。

過的最自我中心的人」，可能會抗議：「你沒有權利這麼說！我總是考慮到你的需要。你才自我中心呢！」當我們以這種方式接受訊息並且責怪對方時，我們很可能會感到憤怒。

第三種方式是試著覺察自己的感受與需求。這時，我們可能會回答：「聽到你說我是你所見過的最自我中心的人，我感覺有些委屈，因為我一直都有考量到你的喜好，希望這一點能得到認可。」當我們把注意力放在自己的感受和需要上，就會發現：我們當下之所以感到委屈，是因為我們希望自己所做的努力能夠得到認可。

第四種接收負面訊息的方式是：試著去覺察對方想要表達的感受與需要。舉例來說，我們可以問對方：「你是不是覺得有些受傷，希望我能多考慮你的喜好？」

認清自身的需要、渴望、期待、價值觀或想法後，我們就可以為自己的感受負起責任，而非一味地責怪他人。同樣是表達失望的情緒，請注意以下兩種表達方式的不同：

例一

甲：「你昨天晚上沒過來，讓我很失望。」

乙：「你昨天晚上沒過來，我感到很失望，因為我很想和你談一談最近困擾我的一些事情。」

甲把自己的失望完全歸咎於對方的行為，乙則將這種感受

聽到負面訊息時的四種反應：
1. 責怪自己。2. 責怪他人。
3. 覺察自己的感受與需要。4. 覺察他人的感受與需要。

歸因於自己未被滿足的需要。

例二
甲：「他們撤銷了合同，真叫我惱火！」
乙：「他們把合同撤銷時，我真的很惱火，因為我認為他們
　　這樣做真的很不負責。」

甲將自己的氣惱完全歸咎於對方的行為，但乙承認她的
怒氣是由自己的想法所造成的，因此她為自己的感受負起了責
任。她知道她之所以感到氣憤，是因為她怪罪對方。不過，
從非暴力溝通的觀點來看，我們會鼓勵她更進一步去辨識自己
要什麼：她有什麼需要、渴望、期待、希望或價值觀沒有被滿
足？我們會發現：當我們愈能將自己的感受和需要加以連結
時，他人就愈容易對我們做出善意的回應。乙如果要把她的感
受和需要加以連結，可以這麼說：「當他們把合同撤銷時，我真
的很惱火，因為我原本希望我們有機會重新聘用去年被我們裁
撤的那些員工。」

有一些常見的說話方式，往往會讓我們無法為自己的感受
負責：
1. 使用非人稱代名詞：
「我們印發給民眾的小冊子上，居然出現了拼寫上的錯
誤，那讓我一肚子火。」

將感受與需要連結：「我感覺……因為我需要……」

「那件事讓我很擔心。」

2.「我感覺（某種情緒），因為（別人）……」：

「我覺得很受傷，因為你說你不愛我……」

「我覺得很生氣，因為主管不守信用。」

3. 在陳述中只提到別人的行為：

「我生日那一天你沒有打電話給我，我覺得很傷心。」

「你沒把你的食物吃完，媽咪很失望。」

在以上這些例子中，我們可以改用「我覺得……，因為我……」這樣的句型，藉此讓自己更加意識到自身所負的責任。例如，我們可以說：

1.「我們印發給民眾的小冊子上，居然出現了這類拼寫上的錯誤，**我真的感覺**一肚子火，**因為我**希望我們公司能夠呈現出很專業的形象。」

2.「主管不守信用，**我覺得很生氣，因為我**原本指望那個週末能多放幾天假，好讓我能去探視我的弟弟。」

3.「你沒把你的食物吃完，**媽咪覺得很失望，因為我**希望你能長得健康強壯。」

我們之所以宣稱別人應該為我們的感受負責，目的就是要他們產生罪惡感，因而照著我們的意思去做。當為人父母者告

區分「由衷地付出」與「因自覺內疚而付出」。

訴孩子「你的成績這麼差，讓爸爸和媽媽很傷心」，就是在暗示他們的快樂或悲傷都是由孩子的行為所造成。從表面上看，我們很容易以為：為別人的感受負責乃是關心對方的一種表現。孩子因為父母親的痛苦而感到難過，似乎顯示他（她）很在意父母，但孩子如果負起了這個責任，並依照父母的心意而改變自己的行為，則他（她）的所作所為並非出自真心，而是為了避免罪惡感。

感受背後的需要

當我們判斷、批評、診斷或解讀他人的話語或行為時，其實都是在表達自己的需要，只不過用錯了方式。如果某人說：「你從來都不曾了解我。」他（她）其實是在告訴我們他（她）需要被了解，但這樣的需要並未得到滿足。如果一個妻子對她的丈夫說：「你這個禮拜每天都工作到三更半夜；我看你愛你的工作更甚於愛我。」她其實是在表達她對親密感的需要並未得到滿足。

當我們透過評論、解讀或想像等方式間接表達自己的需要時，對方很可能會認為我們在批評他們。人們在聽到含有批評意味的話語時，往往會努力為自己辯護或反擊。如果我們希望能夠得到善意的回應，這樣的做法反而會收到反效果。相反的，如果能夠直接表達感受後面所隱藏的需要，對方就愈有可能對我們做出善意的回應。

不幸的是，大多數人從未學到如何從「需要」的角度來思

> 如果把自己的需要表達出來，這些需要就比較有可能獲得滿足。

考。我們慣常的想法是：如果需要沒有得到滿足，一定是別人的錯。因此，如果希望孩子把外套掛在衣櫥裡，而他們卻丟在沙發上，我們可能就會罵他們很懶惰。如果同事不依照我們喜歡的方式來做事，我們可能就會認為他們不負責任。

有一段期間，南加州地區的地主和流動農工之間爆發了衝突，不僅情況愈演愈烈，手段也日趨暴力。我應邀前往調停。會議一開始，我便問他們兩個問題：「你們雙方各自有什麼需要？還有，你們希望對方採取什麼行動來幫助你們滿足這些需要？」

這時，一名農工大喊：「問題在於那些人都是種族主義者！」接著，一名地主更大聲喊道：「問題在於他們不遵守法律和秩序！」這是很常見的情況：雙方都比較擅於分析對方的錯，不太能清楚表達自己的需要。

再舉個類似的例子。有次我和一群以色列人和巴勒斯坦人見面。他們希望能夠建立互信，以便讓家園得以恢復和平。會議一開始，我同樣問他們那兩個問題：「你們雙方各自有什麼需要？想請求對方採取什麼行動來幫助你們滿足這些需要？」這時，一位巴勒斯坦村長不但沒有直接表達他的需要，反而答道：「你們這些人的所作所為就像是一群納粹。」類似這樣的話語實在不太可能讓一群以色列人願意和他們合作！於是，立刻就有一名以色列婦女跳了起來，反唇相譏：「村長，你這話一點都沒有顧及我們的感受！」

他們雙方之所以要舉行會談，目的就是為了建立互信並

> 我們可能會以論斷他人的方式表達自己未獲滿足的需要。
> 但這種方式並不能達到效果。

設法和諧共處，但會談才剛開始，情況卻變得更糟糕了。當人們一味分析他人的錯誤並且責怪對方，卻沒有清楚表達自己的需要時，往往就會發生類似的狀況。在這個案例中，那位婦女在回應村長的話時，大可以表達自己的需要並且向對方提出請求，例如：「我希望在這次會談的過程中，我們能更受尊重。與其說你對我們的行為有什麼看法，可不可以請你讓我們知道，我們所做的哪些事情讓你感到不舒服？」

根據我的經驗，人們一旦開始談論自己的需要，而非指出別人的錯誤，他們就更有可能找出方法來滿足大家的需要。以下是我們每一個人共同的基本需要：

每個人共同的基本需要

自主
能選擇自己的夢想、目標和價值觀
能決定如何實現自己的夢想、目標與價值觀

慶祝
慶祝生命的創造與夢想的實現
紀念人生中的失落：親人的死亡和夢想的破滅等等（哀悼）

內外一致
真誠
創造力
意義
自我價值

身體上的滋養
空氣
食物
移動、運動
免於其他生物（病毒、細菌、昆蟲、猛獸）的侵害
休息
性表達
棲身之所
觸摸
水

玩耍
樂趣
歡笑

相互依存	精神上的交流
接納	美
讚賞感激	和諧
親密關係	靈感
社群	秩序
體貼	和平
對生命有所貢獻（發揮自己的力量， 做出對生命有益的事情）	
情感安全	
同理	
誠實（讓我們得以坦承自己的局限 並設法超越）	
愛	
安心感	
尊重	
支持	
信任	
理解	
溫暖	

表明需要而產生的痛苦 vs. 不表明需要所產生的痛苦

在當今這個時代，我們往往會因為覺察並透露自己的需要而遭到嚴厲的批評，使我們因而不敢表達自己的需要，尤其女性更是如此。千百年來，女性的形象就是充滿愛心，為了照顧他人，不惜犧牲自己、放棄自己的需要。在社會文化的薰陶之下，女性也已經把照顧他人視為自己至高無上的責任，因而逐漸忽視自己的需要。

我曾經在一個工作坊裡和學員們討論那些已經將這類信念內化的婦女會變成什麼模樣。我們從她們提出請求的方式就可

以看出：她們其實並不認為有權滿足自己的需要，同時也相信她們的需要是不重要的。其後果便是：這樣的信念會一再被強化。舉例來說，她們可能不會直截了當表示：「我忙了一整天，已經累了，晚上我想花點時間做自己想做的事情。」而是開始念叨：「你知道嗎？我今天一刻也不得閒。我把所有的襯衫都燙了，還洗了一整個禮拜的衣服、帶狗去看獸醫、做晚飯、弄便當，打電話給所有的鄰居，通知他們有關里鄰會議的事情，所以（以一種近乎哀求的語氣）你可不可以……？」

這樣哀怨的口氣不但不能讓聽者心生同情，反而使他們產生抗拒的心理，於是他們立刻說：「不行！」這是因為他們既無法聽出她的請求背後所隱含的需要，也不喜歡她暗示她「應該」或「值得」從他們那裡得到什麼回報的心態。而她因為遭到拒絕，便再度相信他們並不在意她的需要，卻不知道真正的原因其實是：她表達這些需要的方式，讓她不太可能得到正面的回應。

有回，我的母親來到我帶領的一個工作坊。當時，那些女性學員正在討論她們是多麼怯於表達自己的需要。突然間，我母親起身，離開教室，過了許久都沒有回來。當她終於出現時，臉色顯得非常蒼白。我當著學員的面問她：「媽，妳還好嗎？」

「沒事。」她答道。「只是我剛剛突然發現了一個讓我很難消化的事實。」

「什麼事？」

如果我們不重視自己的需要，別人也不會。

「過去這三十六年來，我一直很氣你爸爸沒有滿足我的需要，但現在我才發現：我從來不曾明確地告訴他，我需要什麼。」

母親說得沒錯。自我有記憶以來，她從來不曾清楚地對我父親表達她的需要。她會以各種方式暗示他，或者拐彎抹角地表達，但就是不曾直接表明她的需要。

我們試著了解她為何如此難以開口表達她的需要：她生長在一個窮困的家庭。小時候，每次說她想要什麼的時候，哥哥姊姊總會告誡她：「你不應該這樣！你又不是不知道我們家有多窮。你以為家裡只有你一個人嗎？」於是，逐漸地，她開始擔心如果說出自己的需要，就會遭到反對和判斷。

母親還說起她小時候發生的一件事。她的一個姊姊因盲腸炎而開刀，之後便得到另一個姊姊所送的禮物：一個美麗的小錢包。母親當時才十四歲。她好希望自己也能有一個像那樣綴滿珠子的精緻小錢包，卻不敢開口。於是，你猜她做了什麼事？她假裝肚子痛，把大家都騙得團團轉。家人帶她去看了好幾個醫生，但都看不出她究竟生了什麼病，於是便決定開刀檢查。這是我母親所下的一個很大的賭注，但事實證明這種做法果然奏效：她也得到了一個一模一樣的小錢包。當她拿到她夢寐以求的那個錢包時，雖然身體因為手術而疼痛，心裡卻樂不可支。不久，有兩個護士走進病房。其中一個把溫度計塞進她的嘴巴裡，為她量體溫。母親含著溫度計，發出了「嗯嗯」的聲音，要另一個護士看她的小錢包。結果那護士說：「喔，這是要給我的嗎？好啊，謝謝妳！」然後就把那錢包拿走了！母親不知所措，也不懂得要告訴對方：「我沒有要送妳。請把它還給我吧。」這個令人鼻酸的故事充分顯示：如果不把自己的需要

說清楚、講明白，可能會造成何等痛苦的後果。

掙脫情感的束縛

在掙脫情感束縛的過程中，大多數人在人際關係上都會經歷三個階段。

第一個階段：我稱之為「**感情的奴隸**」（emotional slavery）。此時，我們相信自己應該為他人的感受負責，認為自己必須經常努力讓身邊的人快樂。如果他們不快樂，就覺得自己該負責，因而勉強去做一些事情。由於這個緣故，我們很可能會把那些最親近的人視為負擔。

這種心態可能會對親密關係造成很大的傷害。我經常聽到人們說類似這樣的話：「我真的很怕談戀愛。每次看到我的伴侶有什麼痛苦或需要，就會很受不了，感覺自己好像是在坐牢，彷彿快要窒息了，所以只好趕緊和對方分手。」那些認為愛就是要「**犧牲自己的需要，滿足對方的需要**」的人往往會有這種現象。在戀愛初期，雙方通常都很自由，彼此快快樂樂、你情我願地交往。這樣的關係是令人愉快的、隨興的、美妙的。然而，當彼此開始「認真」交往後，可能就會開始覺得自己要為對方的感受負責。

如果我是其中一方，且有此自覺，可能會承認這段關係之所以惡化，是因為：「我無法忍受在感情中失去自我。當我看到對方在受苦，我就會失去自己，於是就非得掙脫這段感情不可。」但如果沒有這樣的自覺，很可能就會認為雙方關係之所

> 第一個階段：感情的奴隸。認為自己應該為他人的感受負責。

以惡化都是對方的錯。因此可能會說：「我的女朋友實在太黏人了。她什麼事都依賴我，把我們的關係搞得很緊張。」

這時，另外一方最好不要認同這樣的指責，認為自己的需要有什麼不妥，否則只會讓事情變得更糟。相反的，她可以同情對方因為受到感情的束縛而產生的痛苦，並以同理心回應：「聽起來你有點驚慌。你很難不把我們對彼此的愛與關懷視為一種責任與義務……你認為必須時常照顧我，因而失去了你的自由。」如果她的回應是：「是不是因為我對你有太多要求，你才這麼焦慮？」則兩人很可能會繼續成為感情的奴隸，使彼此之間的關係更加難以為繼。

第二個階段：在這個階段中，我們逐漸意識到：為他人的感受負責並試圖犧牲自己、成全對方，將會付出很大的代價。當我們醒悟自己因而錯過了多少，並發現我們鮮少按照自己的心意行事時，可能會開始感到憤怒。我把這個階段戲稱為「**張牙舞爪的階段**」（the obnoxious stage），因為在這個階段，我們面對他人的痛苦時，往往沒有什麼好話。例如，我們可能會說：「那是**你的**問題！**我**不需要為你的感受負責！」。這時，我們雖然已經很清楚自己不需要**為**對方負哪些責任，但仍必須學習如何**回應**對方的需要，使自己不致成為感情的奴隸。

脫離「感情的奴隸」階段後，我們在意識到自己有需要時，可能還是會感到恐懼與歉疚。這時，就可能會以硬邦邦、不通人情的方式來表達自己的需要。舉個例子，一位參加工作坊的年輕女性在下課後跑來告訴我：她很感謝我讓她意識到自己正

第二個階段：張牙舞爪。我們開始生氣，不想再為他人的感受負責。

處於「感情的奴隸」狀態。下一堂課開始時，我提議大家一起來做一項活動。不料那位女性學員卻斬釘截鐵地說道：「我寧可做別的事。」我知道她正在練習表達自己的需要，就算這些需要和別人的需要互相抵觸，她還是要說出來。

為了讓她釐清自己真正的需要，我便問她：「即便妳想做的事情不符合我的需要，妳還是很想去做嗎？」她思索了一會兒之後，結結巴巴說道：「是的……呃，我的意思是：不！」這個例子顯示：在「張牙舞爪的階段」，我們還必須了解一點：所謂脫離「感情的奴隸」狀態，並非要我們一味堅持自己的需要。

我想到我女兒瑪拉（Marla）在脫離「感情的奴隸」的過程中所發生的一件事。瑪拉向來是個「完美的小女孩」。她會犧牲自己的需要成全別人。當我發現她經常壓抑自己的欲望去討好別人時，便和她談了一下。我告訴她我會很樂意聽到她更常表達自己的需要。她聽完就開始哭了起來，很無奈地說道：「可是，爸，我不想讓任何人失望耶！」我告訴她：與其為了怕別人不高興而屈意遷就，倒不如誠實告訴對方自己需要什麼，因為這種做法其實對他們更好。此外，我也向她分析：當別人不高興時，可以用哪些方法來同理他們，但又無須為他們的感受負責。

不久之後，我發現瑪拉開始試著更坦率地表達她的需要了，因為她的校長有一天氣呼呼地打電話給我，說他看到瑪拉那天穿著吊帶褲上學，便告訴她：「年輕女孩不應該這樣穿。」結果瑪拉居然對他說：「你走開啦！」

第三個階段：掙脫情感的束縛。我們為自己的意向和行動負責。

我聽他這麼說，心中當然頗為欣慰，因為瑪拉已經從「感情的奴隸」這個階段畢業，進入「張牙舞爪」的階段了！她正在學習冒著得罪別人的危險表達自己的需要，但她還必須學習如何自在而坦然地表達自己的需要，同時又顧及他人的需要，但我相信她遲早可以做到。

　　第三個階段：這個階段名為「**掙脫情感的束縛**」（emotional liberation）。此時我們會以善意──絕非恐懼、歉疚或羞愧──回應他人的需要，並因而得以實現自我、成全對方。在這個階段，我們會為自己的意向和行為負起全部的責任，但不會為他人的感受負責，同時也明白：我們絕不能以犧牲他人的方式來滿足自己的需要。要掙脫情感的束縛，我們必須清楚說出自己的需要，並且讓對方知道我們也希望他們的需要能夠得到滿足。非暴力溝通能幫助我們以這種方式與他人連結。

總結

　　非暴力溝通的第三個要素是辨識自己的感受後面所隱含的需要。他人的言語和行為或許會激發我們的感受，但絕不是造成這些感受的原因。當一個人對我們說出不中聽的話時，我們可以用四種方式來回應：一、責怪自己；二、責怪對方；三、覺察自己的感受和需要；四、覺察對方的負面訊息中所隱含的感受和需要。

　　當我們判斷、批評、診斷或解讀別人的話語或行為時，其實都是在以疏離的方式表達自身的需要和價值觀。當別人認為我們在批評他們，往往只會為自己辯護或做出反擊。我們愈能將自身的感受與需要連結，其他人就愈可能對我們做出善意的回應。

在當今的社會中，我們認清自己的需要並且將它們表達出來時，往往會遭到嚴厲的抨擊，以致怯於表達自己的需要，尤其是那些已經習慣照顧他人、忽視自身需要的婦女。

　　在與人交往的過程中，大多數人都會經歷三個階段：一、成為「感情的奴隸」——相信自己要為對方的感受負責；二、「張牙舞爪的階段」——這時我們往往不願意承認自己在意他人的感受或需要；三、「掙脫感情的束縛」——這時我們會為自己的感受負起全部的責任，但不會為他人的感受負責。同時，我們也明白，絕不可以為了滿足自己的需要而犧牲他人的福祉。

非暴力溝通應用實案

「讓私生子再度成為一個可恥的字眼」

　　有位在食物銀行擔任志工的非暴力溝通學員表示，她有一天聽到一位年長的同事在看報紙的當兒，突然大聲說道：「我們國家現在很需要讓『私生子』再度成為一個可恥的字眼！」讓她非常震驚。

　　過去，她聽到這類話語時，都默不吭聲，只是暗自嚴詞批評對方，再跑到別處去處理自己的感受。但這一回，她想到還有另外一個選擇：試著聆聽那些驚人話語背後所隱含的感受和需要。

學員：（先揣測那位同事究竟看到了什麼）妳是不是正在看有關青少女懷孕的新聞？

同事：沒錯。居然有這麼多青少女未婚懷孕，真是令人不敢置信！

學員：（試著聆聽這位同事的感受，並了解她之所以有這種感受，是因為她有什麼需要沒有被滿足）妳擔心這個問題，是不是因為妳希望小孩子能有一個安定的家庭？

同事：那當然！你知道嗎？當年我要是敢這麼做，不被我爸爸宰了才怪！

學員：所以你想到在你們那個年代，女孩子如果未婚懷孕會面臨什麼情況？

同事：沒錯！當時我們都知道自己如果未婚懷孕會有什麼下場，所以我們都不敢這樣，不像現在這些女孩子。

學員：妳是不是很氣這些女孩子根本不用擔心自己懷孕以後會受到什麼懲罰？

同事：呃，至少當年的女孩子因為怕受到處罰，就不敢隨便亂來！你看這則新聞說有些女孩到處和不同的男人睡覺，以便讓自己懷孕！問題是：她們有了小孩之後，其他人就得買單！

這位學員聽出同事的話語裡面包含了兩種不同的感受：第一，她很驚訝居然會有一些女孩子故意讓自己懷孕。第二，她很生氣那些被生下來的小孩得用納稅人的錢來撫養。於是，她開始思考要同理其中的哪一種感受。

學員：妳是不是很驚訝，現在有這麼多女孩在懷孕的時候都不顧及自己的名聲和各種後果，也不考慮經濟方面的問題？

同事：是啊！你猜最後她們花的是誰的錢？

之後，這位同事或許覺得她這方面的感受已經被了解，便開始說起她的另一種感受：氣憤。這種現象頗為常見：當說話者同時有幾種不同的感受時，他（她）往往會再次提到那些還沒有被同理的感受。因此，聆聽者一開始並不需要同理說話者的所有感受，因為其他感受後來自然會一一浮現。

學員：聽起來妳之所以生氣，是因為妳希望所繳的稅金能夠被用在其他地方，對嗎？

同事：當然啦！你知道嗎？我的兒子媳婦很想再生一個，卻生不起，雖然他們兩個人都有工作。養小孩是很花錢的。

學員：看來這件事讓妳挺難過的，對嗎？我猜妳很希望能多一個孫子或孫女……

同事：可不是嘛！而且這不只是關係到我而已……

學員：是啊，妳的兒子也沒法再生一個……（雖然她的揣測不盡正確，但她一直在同理那位同事，讓後者能夠繼續往下說，進而提到她的另外一個顧慮……）

同事：沒錯。還有，當個獨生女也不好受。

學員：喔，我明白了。妳是希望凱蒂能有一個弟弟？

同事：是啊，要是能夠這樣，那就太好了！

　　說到這裡，這位同事似乎已經宣洩夠了，便開始安靜下來。這位學員發現她雖然還是想表達對這個問題的看法，但在心情上已經沒有那麼急切、緊繃了，因為此時此刻，她已經不再懷有一種「對抗」的心態。她了解那位同事的話語中所隱含的感受和需要，不再覺得她們是天差地別的兩個人。

學員：（以非暴力溝通的四個要素——觀察、感受、需要和請求——來表達自我）妳知道嗎？我一開始聽到妳

說我們應該讓「私生子」再度成為一個可恥的字眼時（觀察），心裡真的很害怕（感受），因為我很希望這裡的工作人員都能深切關懷那些需要幫助的人（需要）。到我們這兒來領取食物的人有一部分是未婚生子的青少年（觀察），我希望他們走進這個地方時會覺得他們是受到歡迎的（需要）。妳可不可以告訴我，當妳看到戴沙或艾美和她的男友走進來時，心裡有什麼感覺？（請求）

接著，她們繼續交換了一些看法，直到這位學員確信她的同事仍然會以關心、尊重的態度協助那些上門尋求服務的未婚青少年為止。更重要的是，她體驗到她可以用誠實而尊重的態度，表達出自己和對方不同的看法。

同時，那位同事也認為她對青少年懷孕問題的憂慮已經被充分理解。雙方都感覺自己被懂了。此外，由於她們能夠不帶敵意地交換意見，了解彼此的差異，她們之間的關係也變得更親近了。如果她們沒有像這樣以非暴力溝通的方式溝通，彼此的關係可能會開始惡化，以致她們再也無法像從前那樣同心協力地幫助有需要的人。

練習三

認清自己的需要

　　為了練習認識自己的需要，請你看看在下列哪幾句話中，說話者為自己的感受負起責任，並將這幾句話前面的號碼圈起來。

1.「你把公司的文件放在會議室的地板上，讓我很生氣。」
2.「聽你那麼說，我覺得很生氣，因為我需要受到尊重，而我認為你那些話是在侮辱我。」
3.「你這麼晚來，讓我感到很挫折。」
4.「你不來吃晚飯，我覺得有點難過，因為我原本期望我們可以共度今天晚上的時光。」
5.「你說過你不會這麼做，結果還是做了，讓我感到很失望。」
6.「我很灰心，因為我原本希望我的工作能有進展。」
7.「有時候我會因為別人說的一些小話而受傷。」
8.「看到你得獎，我很開心。」
9.「當你提高嗓門的時候，我會很害怕。」
10.「感謝你願意載我回家，因為我需要在孩子們抵達之前回到家。」

　　以下是我的回應：

1. 如果你圈起這句，表示我們的看法不同。我認為說這句話的人是在暗示他（她）之所以有那種感受，完全都是由對方的行為造成，而非因他（她）本身的需要與想法所致。他（她）大可以說：「看到你把公司的文件放在會議室的地板上，我覺得很生氣，因為我希望公司的文件能夠受到妥善的保管，讓大家都可以找得到。」

2. 如果你圈起這句，表示我們的看法一致。我們都認為說話者知道他（她）要為自己的感受負責。

3. 如果你圈起這句，表示我們的看法不同。說話者如果想要表達感受背後的需要或想法，可以說：「看到你這麼晚來，我感到很挫折，因為我原本希望我們能搶到前排的座位。」

4. 如果你圈起這句，表示我們的看法一致。我們都認為說話者知道他（她）要為自己的感受負責。

5. 如果你圈起這句，表示我們的看法不同。說話者如果想要表達感受背後的需要或想法，可以說：「你說過你不會這麼做，結果還是做了，我感到很失望，因為我希望我能夠相信你的承諾。」

6. 如果你圈起這句，表示我們的看法一致。我們都認為說話者知道他（她）要為自己的感受負責。

7. 如果你圈起這句，表示我們的看法不同。說話者如果想要表達感受背後的需要或想法，可以說：「有時候，我聽到別人說一些小話，會感覺蠻受傷的，因為我希望自己能被人欣賞，而非被批評。」

8. 如果你圈起這句，表示我們的看法不同。說話者如果想要表達感受背後的需要或想法，可以說：「看到你得獎，我覺得很開心，因為我一直希望你在這個計畫上所投注的心力能夠得到肯定。」

9. 如果你圈起這句，表示我們的看法不同。說話者如果想要表達感受背後的需要或想法，可以說：「當你提高嗓門的時候，我會很害怕，因為我擔心有人可能會受傷，而我需要知道大家都很安全。」

10.如果你圈起這句，表示我們的看法一致。我們都認為說話者知道他（她）要為自己的感受負責。

第六章
提出有益生命的請求

到目前為止,我們已經討論了非暴力溝通的前三個要素,也就是「觀察」、「感受」和「需要」。我們已經知道在表達自己的「觀察」、「感受」和「需要」時應該避免評論、分析、責怪他人或診斷他人,而以一種有可能激發善意的方式來進行。非暴力溝通的第四個(也是最後一個)要素則是**請求他人採取行動**,以便讓我們的生命變得更加豐富。當需要未獲滿足時,在表達了自己的觀察、感受和需要之後,要提出一個明確的請求,問對方是否願意採取一些行動來滿足我們的需要。但要如何提出請求,才能讓別人更願意對我們做出善意的回應呢?

使用正向的行動語言

首先,我們要請求別人**去做什麼**,而非**不要做什麼**。我的同事魯思·貝本梅爾曾經寫過一首兒歌。其中有兩句歌詞是:「要我如何**不做**什麼?/當你告訴我**不要做**什麼,我只知道我**不會做**什麼。」這顯示出在提出負面的請求時經常會遇到的兩個問題:第一,人們往往會搞不清楚我們到底要請求他們做什麼。第二,負面的請求很可能會使人們產生抗拒的心理。

曾有名女性學員在我帶領的工作坊中,談到她向先生提出請求卻得到反效果的經驗。她說,她看到先生花這麼多時間在

> 在提出請求時,要使用正向的語言。

工作上，覺得很挫折：「於是我便請他不要花這麼多時間在工作上。沒想到三個星期之後，他居然告訴我，他報名參加了一場高爾夫球錦標賽！」她成功地讓他知道她不要什麼（不要花這麼多時間在工作上），卻沒有告訴他她**想要**什麼。當我鼓勵她換一種方式來提出請求時，她想了一分鐘之後便說道：「早知道我當時應該跟他說：我希望他每個禮拜至少能有一個晚上，待在家裡陪陪我和孩子。」

在越戰期間，我應邀參加一場電視辯論會，和一個立場與我相反的男士辯論有關戰爭的議題。由於節目是事先錄製的，因此當天晚上我可以在家裡觀看那場辯論會。當我看到自己在電視上的表現時，感覺非常懊惱，因為那樣的溝通方式不是我想要的。於是，我便告訴自己：「如果有機會再辯論一次，我一定不會再用那種方式！我不會再採取守勢，也不會讓他們有機會讓我出洋相。」當時我也是告訴自己我**不要**什麼，卻沒有說我**要**什麼。

過了一個星期之後，我再度應邀在同一個節目中繼續那場辯論。在前往攝影棚的路上，我一再告訴自己不要怎麼做。但節目一開始，我的對手就像上星期那樣猛烈攻擊我。他講完後，我按耐了十秒鐘，並未用自己不想要的方式來回應他，只是坐在那兒，一聲不吭。然而，我一旦開了口，還是忍不住說了許多我原本決心再也不說的話。這個慘痛的經驗讓我明白一個道理：如果只知道自己**不要**什麼，卻搞不清楚自己**要**什麼，結果可能會很糟糕。

有次，我應邀前往一所學校給一群高中生上課。他們對校長頗多怨言，說他是種族主義者，甚至打算去修理他。有一位負責輔導他們的牧師很擔心學校會發生暴力衝突，便找我幫

忙。那些學生因為敬重那位牧師，答應和我談一談。

會談一開始，他們便向我描述校長如何歧視他們。我聽完列舉的罪狀後，便建議他們先想清楚希望校長怎麼做。

「那有什麼用？」一名學生滿臉嫌惡地說道。「我們已經去找過他了。當時我們曾經告訴他，我們希望他怎麼做，結果他居然說：『走開！我不需要你們來告訴我該怎麼做！』」

我問他們對校長提出了什麼請求。他們說他們告訴校長：希望他以後不要干涉他們的髮型。我告訴這些學生：如果告訴校長他們希望他**做什麼**，而非**不希望他做**什麼，校長或許會比較願意配合。他們說也曾經告訴校長他們希望能受到公平的對待，但校長卻開始為自己辯解，並且一再大聲否認曾經對他們不公。這時我便告訴他們：如果他們請求他採取一些特定的行動，而非類似「公平的對待」這樣模糊的訴求，校長可能就會做出比較正面的回應。

之後，我便請他們練習以正向的行動語言來提出請求。最後，他們列出了希望校長做到的三十八件事，其中包括：「同意讓黑人學生參與制定有關服裝儀容方面的規定」以及「請稱呼我們為『黑人學生們』而非『你們這些人』」。到了第二天，學生們便試著以正向的語言向校長提出請求。結果當天晚上，他們歡喜地打電話告訴我：那三十八項請求校長通通都答應了！

除了使用正向的語言，我們所提出的請求也必須是其他人有能力做到的，而且必須具體明確，避免使用模糊、抽象、模稜兩可的用語。有一幅漫畫的內容是這樣的：有一個男人掉到了湖裡。他一邊拼命往岸邊游，一邊向站在岸上的狗兒大喊：「萊西，趕快找人幫忙！」結果，在第二格漫畫中，那隻狗就躺在精神科醫師的沙發上。這是因為「幫忙」這個字眼對不同的

人來說代表著不同的意思。比方說，我家就有一些人認為：所謂的「幫忙洗碗」就是在一旁監工的意思。

從另外一個例子當中，我們也可以看出模糊籠統的語言，可能會引起誤會並造成溝通上的障礙。有一對關係已經出現裂痕的夫婦前來參加我的工作坊。太太對先生說：「我希望你讓我做自己。」先生答道：「我有啊！」但太太堅稱：「不，你沒有！」當我請她以正向的行動語言來表達時，她說：「我希望你能給我自由，讓我學習成長並且做自己。」然而，這樣的說法還是很含糊，而且很可能會讓另外一方急於為自己辯解。這位太太認真思索了好一會兒，想要提出一個清楚明確的請求，結果她不得不承認：「說起來有點尷尬。但如果要我說得確切一些，我猜我是希望無論我做什麼，你都會笑著說沒有關係。」人們往往會用含糊抽象的語言來掩蓋他們想要操控對方的意圖。

再舉一個類似的例子。有位父親帶著他那個十五歲的兒子前來找我諮商。父親對兒子說：「我只是希望你能開始展現一點責任感。這樣的要求太過分了嗎？」我建議他具體說明他希望兒子如何表現他所謂的「責任感」。在經過一番討論後，他不好意思地說道：「呃，這聽起來不太對，但是當我說我希望他展現一些責任感時，我的意思其實是要他完全照著我的意思去做。我說跳，他就跳，而且還得面帶微笑。」後來他同意我的看法：如果他的兒子真的這麼做，那只表示他很順從，並不代表他有責任感。

就像這位父親一樣，我們經常使用含糊、抽象的語言來表

> 在提出請求時要以清楚、正向、具體的行動語言，
> 表明我們真正想要的東西。

達我們對他人的期望，卻未告訴對方可以採取那些具體的行動來達到這個目標。舉個例子：有個雇主希望員工能給他一些回饋，於是便告訴他們：「我希望你們跟我在一起的時候，能夠隨心所欲地表達你們的意見。」此處他表達了他的願望（希望員工們能「隨心所欲」地表達意見），但並未說明怎樣才算是「隨心所欲」。事實上，他可以使用正向的行動語言來提出請求：「我希望你們能夠**告訴**我：我可以怎麼**做**，才能讓你們跟我在一起的時候，更敢於表達意見。」

最後，讓我再舉一個例子來說明含糊的語言如何導致他人的困惑。我在擔任臨床心理醫師期間，有許多患者因憂鬱症前來就診。當我同理了他們所表達的感受之後，我們之間往往會出現類似以下的對話：

盧森堡：有什麼是你想要但卻沒有得到的？
來訪者：我不知道自己想要什麼。
盧森堡：我就猜到你會這麼說。
來訪者：為什麼？
盧森堡：我認為我們之所以會憂鬱，是因為我們得不到自己想要的東西。而我們之所以得不到自己想要的東西，是因為從沒有人鼓勵我們去追求自己想要的東西。相反的，我們從小所受的教導就是：我們要當乖小孩、好媽媽或好爸爸。但如果我們真的以此為目標，想不憂鬱也很難。憂鬱症是我們

> 模糊的語言會使人感到茫然。
> 憂鬱是我們當「好人」所得到的回報。

當「好人」得到的回報。不過，如果你想讓自己好起來，就要說清楚：你希望別人做些什麼來讓你的生命變得更美好？

來訪者：我只希望有人愛我。這樣的期待並不過分，對吧？

盧森堡：嗯，這是一個好的開始。現在，請你說說看：你希望別人怎麼做才能滿足你被愛的需要。比方說，我現在可以為你做什麼？

來訪者：喔，你知道的……

盧森堡：我不確定我知道耶。請你告訴我：為了讓你得到你想要的愛，你希望我（或其他人）做些什麼？

來訪者：這很難耶。

盧森堡：是的，要提出清楚明確的請求並不容易。但如果連我們都不清楚自己要什麼，別人該如何回應呢？

來訪者：呃，我開始明白我希望別人如何滿足我對愛的需要了，可是我不太好意思講出來。

盧森堡：沒錯，通常都是這樣。所以你希望我或其他人為你做些什麼呢？

來訪者：我認真地想了一下。老實說，我想我是希望你在我還不知道自己要什麼之前，就猜到我要什麼，而且我希望你一直都這樣。

盧森堡：謝謝你把它說清楚了。希望你能看出來：如果你有這樣的期待，恐怕任何人都無法滿足你對愛的需要。

經過這樣一番對話，病人往往能夠看出：他們之所以感到挫折、憂鬱，有很大一部分是因為他們不知道自己希望別人如何滿足他們的需要。

有覺知地提出請求

有時無須透過語言也能清楚傳達請求。比方說，你在廚房裡，你的姊姊正在客廳裡看電視，她突然大喊一聲：「我渴了。」這時，你可能就知道她是請你從廚房裡拿一杯水給她。

但有時，我們在表達自己不舒服的感受時，會誤以為對方自然明白我們想要什麼。舉個例子，有個女人對丈夫說：「我不是請你去買我做晚飯時要用的奶油和洋蔥嗎？你怎麼忘記了呢？真是氣人！」她的意思其實是希望他再回到店裡去買。她可能覺得自己已經把話講得很清楚了，但她的丈夫或許會認為她這樣說只是為了讓他有罪惡感。

此外，我們在和別人對話時，也往往沒有意識到要向對方提出什麼請求。我們不知道該如何進行真正的對話，而只是自顧自地講個不停，或把別人當成垃圾桶。在這種情況下，聽者由於不知道說者究竟想要什麼，可能會不知所措，就像下面這個例子一樣。

我在達拉斯／沃思堡（Dallas/Fort Worth）國際機場搭乘一班迷你電車前往航站時，看到一對夫婦坐在走道另一邊的座位上。由於電車開得很慢，那些趕著要搭飛機的旅客可能會覺得很不耐煩。只見那位先生轉頭看著妻子說道：「我這輩子從來沒

> 僅僅表達自己的感受，聽者可能會不太明白我們希望他們怎麼做。
> 我們往往不知道自己想要提出什麼請求。

看過開得這麼慢的電車。」那位太太什麼話也沒說，似乎不知道該如何答腔。眼見她沒有吭聲，那位先生便再說了一次（這是大多數人在自己說的話沒有得到回應時，會有的反應）：「我這輩子從來沒看過開得這麼慢的電車。」而且這回他的語氣明顯變得更強烈了。

那位太太不知該說些什麼，神色顯得更加不安，無可奈何之下只好轉頭對他說：「它們的速度都是用電腦設定的。」我並不認為這樣的回答會讓那位先生滿意。果不其然，他又更大聲地說了一次：「我這輩子從來沒看過開得這麼慢的電車。」那位太太顯然失去了耐性，便氣呼呼地回嘴道：「那你要我怎麼辦？下去推車嗎？」於是，雙方都很不開心！

那個男人希望得到怎樣的回應呢？我相信他是希望自己的痛苦能被理解。如果他的妻子明白這一點，可以這樣回應：「你似乎很擔心我們會錯過那一班飛機，而且對電車的速度很不滿意，希望它能開快一點。」

在兩人的對話中，妻子聽出了丈夫語氣中的挫折，但並不明白他想要什麼。如果情況相反——當人們尚未表達自身的感受與需要，就直接提出請求時——同樣也會造成問題，尤其是在他們以問句的形式提出請求時。舉個例子，如果你對孩子說：「你怎麼不去把頭髮理一理呢？」他們很可能會認為你在要求或抨擊他們，除非先表達你的感受和需要：「你的頭髮愈來愈長了。我們擔心這樣會遮住你的視線，尤其是在騎腳踏車的時

> 如果沒有說出自己的感受和需要，就直接提出請求，聽者可能會把它當成要求。
> 把自己想要的事物說得愈清楚，就愈有可能得到它。

候。你要不要去理個頭髮呢？」

　　然而，更常見的一種狀況是：人們在說話時並不知道自己要什麼。他們可能會說：「我並沒有要你做什麼，純粹就是想說一說罷了。」但在我看來，我們每次對別人說話時，其實都有所求。有時候我們只是希望對方能夠同理我們，與我們連結，就像電車上的那個男人一樣，希望對方能夠以口頭或非口頭的方式表示他們明白我們的意思。有時，我們希望對方能給我們一些坦誠的回應，有時則希望對方能夠採取某種行動來滿足我們的需要。我們愈能清楚表達自己的需要，這些需要就愈有可能得到滿足。

請求對方重述你的話語

　　誠如所知，別人並不一定能完全接收到我們所發出的訊息。一般來說，必須透過對方的回應，才能判定他們是否已經了解我們的意思。但如果我們並不確定這一點，就需要提出明確的請求，請對方告訴我們他們究竟聽到了什麼，以便能夠釐清其中的誤會。在某些場合中，我們只要問一聲：「你明白了嗎？」就可以了。但有時候，即使對方說：「是的，我明白了。」我們還是無法確定他們是否真正了解我們的意思。這時，可以請對方說說看他們究竟聽到些什麼，這樣我們才有機會把他們聽錯或漏聽的訊息再說一次。

　　舉個例子，有個老師對一名學生說道：「彼得，我昨天檢查記錄本，發現你有一份作業沒交，我想和你確認這件事，請你

> 為確保聽者充分了解我們想要傳達的訊息，可以請他們複述一遍。

放學後到我的辦公室來，好嗎？」彼得含糊答道：「好，我知道了。」便轉過頭去。老師不確定他是否真的聽見了她所要傳達的訊息，便請他重述一次：「請你告訴我，我剛才說了什麼。」結果彼得回答：「你說你不滿意我交的作業，所以放學後我得留下來，不能去踢足球。」他果然沒有聽見她想要傳達的訊息，於是老師便再說了一次，但她很注意她的用詞。

如果她說：「你聽錯了」、「那不是我的意思」或「你誤會我了」，很可能會讓彼得以為她在斥責他。既然彼得很認真回應了老師的請求，她可以說：「謝謝你告訴我你聽到我說了什麼。我發現我並沒有把話講得很清楚，所以讓我再說一遍。」

剛開始請別人把我們所說的話再說一遍時，可能會覺得有點尷尬或彆扭，因為很少人會提出這種請求。當我強調這樣的做法很重要時，人們往往持保留的態度，擔心對方會說：「你以為我是聾子嗎？」或者「少來了，不要跟我玩心理學的那一套。」為了避免這樣的反應，可以事先向對方說明理由，讓他們明白：我們之所以這麼做，並不是為了測試他們的聆聽技巧，而是要看自己是否已經把意思表達清楚。不過，如果對方反駁說：「我聽到你說什麼了。我又不是笨蛋！」我們可以把注意力放在他（她）的感受和需要上，問他（她）：「你之所以不高興，是不是因為你不希望你的理解力受到質疑？」

如實提出請求

在開放地表達自己的感受或想法並得到對方的理解後，我

當聽者依照你的請求複述你的話語時，要對他們表示感謝。
如果聽者不想複述，也要同理他的感受。

們往往會很想知道對方有什麼反應，而這又可以分成三方面來說：

- 有時我們會想知道，對方聽了我們的話之後有何感受，以及他們為何會有這些感受。這時我們可以提出這樣的請求：「希望你能告訴我，你聽了我這番話之後，有什麼感覺以及你為何會有這種感覺。」

- 有時我們會想知道，對方聽了我們的話之後有什麼想法。這時，一定要說清楚我們想聽的是哪一方面的想法。比方說，可以告訴對方：「希望你能告訴我，你認為我的計畫會不會成功，如果不會，你認為是哪些因素造成的。」而不要光是說：「希望你能告訴我，你對剛才我說的那番話有什麼看法。」如果不表明我們想聽的是哪方面的想法，對方可能會一五一十地發表一些我們其實並不感興趣的意見。

- 有時我們會想知道，對方是否願意採取我們所建議的某些行動。這時我們可以這麼說：「希望你能告訴我，你是否願意將我們的會議往後延一個禮拜。」

在運用非暴力溝通時，必須很清楚自己希望對方能給我們什麼樣的回饋，並以具體的語言來提出請求。

> 當我們表達了內心的脆弱之後，往往會想知道：1. 聽者有何感受；2. 聽者有何想法；或 3. 聽者是否願意採取某個行動。

對群體的請求

在群體中發言時，更要說清楚我們希望得到什麼樣的回應，否則可能讓群體的對話變得不著邊際、徒勞無功，無法滿足任何人的需要。

從前，偶爾會有一些關心社區種族問題的公民團體請我指導。這些團體通常都有一個問題：召開的會議都很冗長，而且往往毫無成效。這對那些團體的成員來說，是很不划算的一件事，因為他們為了參加會議往往必須動用自己有限的資源安排交通工具並找人照顧小孩。許多人認為既然花了這麼多時間開會，卻討論不出什麼結果，簡直是浪費時間，於是便退出了團體。此外，這些團體所追求的一些體制上的改變，通常並非一蹴可幾。基於以上這兩個原因，他們在開會時，一定要善用時間。

我認識其中一個團體的成員。他們的目標是改變當地一所學校的某些制度，因為他們認為那些制度有種族歧視之嫌。由於他們開的會議很沒效率，成員也逐漸流失，便請我前去觀察開會方式。我建議他們先按照原來的方式進行，等我看出問題所在，再告訴他們是否可以用非暴力溝通來解決。

會議開始後，便有一個男人發言。他告訴大家，最近有篇新聞，報導一位少數族裔的婦女抱怨校長對她的女兒不公平，並對此表示憂心。接著，便有一名婦女開始說起她當年就讀這所學校時發生的情況。然後，其他人也一一訴說個人的類似經

> 在團體中發言時，如果不確定自己想要得到什麼回應，
> 往往會浪費許多時間。

驗。過了二十分鐘，我問這樣的討論是否滿足了他們的需要，結果沒有一個人的回答是肯定的。一名男子甚至怒氣沖沖地說道：「每次開會都是這樣！我又不是沒事可做，幹嘛要坐在這兒聽這些老掉牙的胡扯。」

於是，我便問最初發言的那名男子：「可不可以請你告訴我：你舉出那篇新聞報導時，希望大家給你什麼樣的回應？」

「我是覺得那篇報導很有意思。」他答道。我向他解釋：我問的不是他對那篇報導的看法，而是他希望從其他人那裡得到什麼回應。他想了一會兒之後終於承認：「我不確定我想要什麼耶！」

我想這就是為什麼他們會把二十分鐘的寶貴時間浪費在毫無成效的對話上。在一個團體中發言時，必須明確說出我們希望與會人士如何回應，否則之後的討論都不太可能會有什麼成效。不過，只要團體當中有一個人具有這樣的概念，就可以影響其他人。舉例來說，當那名男子並未說明他希望別人如何回應他的發言時，只要有人說：「我有點困惑，不知道你希望大家給你什麼樣的回應。是不是可以請你說清楚一些？」這樣就可以使大家不致浪費寶貴的時間。

團體開會時，如果最先提出某個議題的人並未說明他（她）是否已經得到了預期的回應，討論過程往往會變得過於冗長，無法滿足任何人的需要。在印度，當提出某個話題的人已經得到了期望中的回應時，他（她）就會說「bas」。這個字的意思是「你不用再說了，我已經滿意了，現在我準備要談談別的事情。」儘管我們的語言中並沒有類似的字眼，但可以在與他人互動時，建立並推廣這樣的意識。

請求 vs. 要求

　　當別人認為如果不照著我們的話去做，就會受到責備或懲罰時，他們就是把我們的「請求」當成了「要求」。在面對別人的要求時，人們都認為自己只有兩條路可走：一條是「順從」，另一條則是「反抗」。無論選擇哪一條路，都會認為自己受到了脅迫，因而比較不可能做出善意的回應。

　　如果過去有人不理會我們提出的請求時，我們就加以責備、處罰，或讓他們產生罪惡感，他們現在就很有可能會把我們所提出的「請求」當成「要求」。此外，如果有其他人使用這樣的策略，我們也會受到波及。換句話說，我們周遭的人如果時常因為拒絕別人的請求而受到責備、處罰或產生罪惡感，他們就很容易帶著這個包袱而把「請求」視為「要求」。

　　讓我們來看看同一種情況的兩種不同的版本。傑克對他的朋友珍說：「我覺得很寂寞，妳今天晚上可不可以來陪我？」這究竟是「請求」還是「要求」？這得看傑克被珍拒絕後的態度而定。假設她回答：「傑克，我真的很累了。你如果今天晚上想找個伴，可不可以請別人來陪你？」如果傑克的反應是：「妳看，妳就是這麼自私！」則他的「請求」其實是一種「要求」。他不但沒有同理她需要休息的處境，反而責怪她。

　　讓我們再看看另外一種情況：

傑克：我覺得很寂寞，希望妳今天晚上可以陪陪我。

珍：傑克，我真的很累了。如果你今天晚上想找個伴，可

當我們對別人提出要求時，對方有兩個選擇：順從或反抗。

不可以請別人來陪你？

傑克：（轉過身去，不發一語。）

珍：（感覺他有些不高興）怎麼啦？你有心事？

傑克：沒有。

珍：你少來，傑克，我看得出你有些不對勁。怎麼啦？

傑克：妳明明知道我很寂寞。如果妳真的愛我，今天晚上
　　　一定會來陪我。

此處，傑克還是沒有同理珍的處境，反而認為珍的反應代表她不愛他、嫌棄他。事實上，我們愈是認為別人拒絕我們就代表他們嫌棄我們，別人就愈有可能將我們的「請求」視為「要求」。這將導致自我實現的預言，因為愈是要求別人，他們就愈不喜歡和我們在一起。

　　相反的，如果珍拒絕後，傑克充分了解並尊重她的感受和需要，並對她說：「妳的意思是：妳已經累壞了，今天晚上需要休息？」那麼他的這項請求就是真正的「請求」，而非「要求」。

　　要如何讓別人相信我們所提出的是「請求」，而非「要求」？可以告訴他們：我們希望他們是出於自願，不要勉強答應。因此，我們不妨問：「你願不願意幫忙擺碗筷？」而不要說：「請你幫忙擺碗筷。」不過，如果想讓對方明白我們真的是在「請求」

要區分「要求」或「請求」，可以觀察當某人提出的請求沒有被接受時，他有何反應。
如果他開始批評或論斷對方，他所提出的便是「要求」。
如果他試圖讓對方產生罪惡感，他所提出的便是「要求」。
如果他同理對方的需要，他所提出的便是「請求」。

而非「要求」，最有效的方式莫過於在遭到對方拒絕後，同理他們的處境。

要證明我們所提出的是「請求」而非「要求」，就要看當別人拒絕時，我們如何回應。如果我們已經有心理準備，知道對方有可能拒絕我們的請求，而且在遭到拒絕後仍能同理他們的難處，對我來說，這就是「請求」而非「要求」。但即便我們所提出的是「請求」，也不意味著我們在遭到對方拒絕後就要放棄，而是要先同理對方的難處，再試著就我們的訴求與他人對話。

在提出請求時要說明目的

在提出真正的「請求」時，也必須知道自己的目的何在。如果只是想要改變別人，或達到自己的目的，非暴力溝通並非適當的工具。我們之所以使用非暴力溝通，是為了讓別人在心甘情願並且充滿善意的情況下，自願做出改變。非暴力溝通的目標是讓人們能夠建立一種彼此坦誠而且相互同理的關係。當他人相信，我們主要的目標，是改善彼此的關係品質並且藉此滿足雙方的需要時，他們就會相信，我們所提出的是真正的「請求」，而非經過包裝的「要求」。

然而，要一直把這個目標放在心上並不容易，尤其是身為父母、老師和企業管理者，以及其他一些負責影響他人並改變其行為的人。舉個例子，參加工作坊的一個媽媽，有一天在午休過後回來上課時告訴我：「馬歇爾，我回家照著你說的方法試

我們的目標是建立以誠實與同理為基礎的關係。

過了。根本沒有用。」我便請她描述當時的狀況。

她說：「我回家以後，就按照課堂上練習的方式向兒子表達了我的感受和需要。我完全沒有批評他，只是告訴他：『我跟你說，我看到你沒有完成你之前答應我要做的事，感覺非常失望。我希望我回到家，能夠看到家裡很整潔，而且你已經把你該做的家事都做好了。』然後我便對他提出了一個請求：希望他能夠馬上把家裡整理乾淨。」

「聽起來妳似乎已經表達了非暴力溝通的所有要素。」我說。「那後來發生了什麼事？」

「他根本沒做。」

「後來呢？」我問。

「我對他說：你不能一輩子都這麼懶惰、不負責任！」

我看得出來，這位女士仍然無法區分「請求」和「要求」的不同。她還是認為：當她運用非暴力溝通來溝通的時候，對方必須同意她的「請求」，這樣的溝通才算成功。在剛開始學習非暴力溝通時，我們可能會機械性地運用其中的四個要素，卻沒有意識到非暴力溝通真正的宗旨何在。

不過，有些時候，即使把非暴力溝通的目標放在心上，並且小心地表達了我們的請求，對方還是有可能將它視為一種要求，尤其是在我們握有權力，而且對方曾經有過和高壓的權威人物打交道的經驗。

有次，一所高中的行政人員請我去該校，向老師們示範如何用非暴力溝通來和那些不太願意合作的學生溝通。

在校方的安排下，我和四十名被他們視為「社會適應與情緒適應不良」的學生見了面。令我印象深刻的是：這些學生在被貼上了那樣的標籤之後，果然就表現出「社會適應與情緒適

應不良」的行為。試想，如果你是一個被貼上這類標籤的學生，你不是正好可以理直氣壯地抗拒師長的命令，在學校調皮搗蛋、找點樂子嗎？事實上，為別人貼上某個標籤後，往往就會對他們表現出某種態度，而這樣的態度又會促使對方真的成為那個標籤所描述的模樣。最後，我們就會因而更加肯定他們真的就是那個樣子。既然這些學生知道他們已經被歸類為「社會適應與情緒適應不良者」，因此當我走進教室，看到他們大多探身窗外，對著樓下庭院裡的朋友大聲罵髒話時，並不感到意外。

開始上課後，我先對他們提出了一個請求：「我想請你們都過來這邊坐下，好讓我能告訴你們我是誰，以及我希望我們今天能做些什麼。」這時，有一半的學生走了過來。由於我不確定是否所有人都聽到了我的話，便再說了一次。這回，其他學生也坐下來，只剩下兩個男生還把身子探出窗戶外，而且很不幸的是：他們還是班上塊頭最大的兩個。

我對他們說：「請問，你們兩位有誰可以告訴我，我剛才說了些什麼？」其中一人轉頭看著我，不耐煩地說道：「你說我們必須過去那邊，然後坐下來。」這時，我心想：「喔，他把我的請求聽成了要求呢！」

於是，我大聲說：「先生（根據我的經驗，面對有著這麼大塊二頭肌的人，你最好稱呼他為「先生」，更何況其中一人身上還有著刺青），你可不可以告訴我：我該怎麼說，才能讓你們明白我想要什麼，但又不致以為我在對你們發號施令？」

「啊？你說什麼？」他已經受到了制約，以為權威人物所說的話一定是命令，所以不太習慣我這種說話方式。於是，我就重複一遍：「我要怎樣才能讓你明白我希望你做什麼，但又不致讓你以為我不在乎你的意願？」他遲疑了一會兒之後，聳聳肩

道：「我不知道。」

　　「現在我們兩人之間的情況，就是我今天想要和你們談論的主題。我相信人們如果能夠說出自己的需要，但又不對別人發號施令，大家相處起來就會愉快得多。當我告訴你，我希望你怎麼做的時候，我的意思並不是說你非做不可，也不是存心要讓你難受。我不知道該怎麼表達才能讓你相信我。」幸好，他似乎認為這些話有點道理，於是便和他的那個朋友一起慢吞吞地走回座位。在類似這樣的情況下，我們可能要花點時間，才能讓對方明白我們所提出的是「請求」而非「要求」。

　　提出請求時，不妨檢視一下自己心中有沒有類似以下的想法。如果有，我們所提出的「請求」就會變成「要求」：

- 他**應該**隨時把自己弄亂的東西收拾乾淨。
- 她**應當**照著我的話去做。
- 老闆**理應**幫我加薪才對。
- 我要他們待晚一點是**有道理的**。
- 我**有權**多休幾天假。

　　如果說出自己的需要時內心有這類的想法，當對方不照著我們的話去做時，我們勢必會判斷他們。有一次，我看到小兒子沒有倒垃圾，心裡就有這類自以為是的想法，因為之前我們在討論家事應該如何分工時，他曾經答應我要負責倒垃圾，但後來我們還是每天為這件事爭執。我一再地提醒他：「這是你該做的事。」並且告訴他：「每個人都應該分擔家務。」唯一的目的就是要他把垃圾拿出去倒。

　　有天晚上，我又和他針對此事做了一番討論。我仔細聆聽他一直以來反覆提出的那些理由後，便寫了以下這首歌。當他

感覺我同理了他的立場，就開始主動倒垃圾，再也不需要我提醒了。

如果我清楚你不是在要求我，
我通常會照你的話去做。
但你若高高在上，像個強勢的老闆，
你會感覺你碰到了一堵牆。
當你絮叨著你為我所做的一切，
你最好有心裡準備，
因為我們會再吵一回！
你可以大吼大叫、吐口水，
也可以呻吟、嘆息、大發脾氣，
但我還是不會把垃圾拿出去。
就算你改變作風，
我也要過一段時間才能原諒你，
因為之前當我不符合你的所有期待，
你似乎就不把我當人看待。

——馬歇爾・盧森堡的《布萊特之歌》(Song from Brett)

總結

非暴力溝通的第四個要素是：**向彼此提出哪些請求，以便讓我們的生命更加豐盛**。在提出請求時，要避免使用含糊、抽象或模稜兩可的語句，並且一定要說明我們**要**什麼，而非**不要**什麼（即正向的行動語言）。

發言時，如果能把自己想要得到的回饋表達得愈清楚，就

愈有可能得到這樣的回饋。由於對方不見得能夠接收到我們傳達的訊息，因此必須學習如何確認對方是否已經準確無誤地接收到這些訊息。在團體中表達意見時，更需要說明我們希望能夠得到何種性質的回應，否則團體中的對話可能會變得沒有成效，浪費大家許多的時間。

　　當我們提出請求時，對方如果認為他們一旦拒絕，就會遭受責備或處罰，他們就會把「請求」視為「要求」。為了讓對方相信我們是在請求，而非要求，可以告訴他們，我們並不希望他們勉強答應。非暴力溝通的宗旨不在於影響他人或改變他們的行為以達到自己的目的，而是要以坦誠而同理的態度，與他人建立一種能夠滿足雙方需要的關係。

非暴力溝通應用實例

勸好友戒煙

艾爾和伯特是三十多年的好朋友。這些年來，本身不抽煙的艾爾一直努力說服伯特，要他戒掉一天抽兩包煙的習慣。在過去，當艾爾開口勸誡時，伯特往往認為艾爾是在批評他。

這一年來，艾爾眼見好友咳得愈來愈厲害，一直壓抑內心的怒氣與憂慮，但最後還是忍不住說了：

艾爾：伯特，我知道這件事情我們已經討論了十幾次，但請你聽我說：我很擔心那些該死的香煙會要了你的命！你是我最好的朋友，我希望你活得愈久愈好。請不要認為我在判斷你。我沒有。我只是很擔心罷了。

伯特：不會啦！我聽得出來你是在擔心我。我們做朋友又不是一天兩天的事了⋯⋯

艾爾：（提出請求）你願不願意戒煙呢？

伯特：要是能戒得掉就好了。

艾爾：（試著了解究竟是什麼樣的感受與需要阻止伯特戒煙）你是不是因為害怕失敗而不想嘗試？

伯特：嗯⋯⋯你也知道我之前試了多少次⋯⋯我知道因為我戒不了煙，大家都瞧不起我。

艾爾：（揣測伯特可能會有的請求）我並沒有瞧不起你。如

果你試了以後還是戒不成，我還是不會看不起你。我只希望你能試試看。

伯特：謝謝。但你不是唯一的一個……大家都瞧不起我。我從他們的眼神裡就可以看得出來。他們都認為我是個失敗者。

艾爾：（試著同理伯特的感受）要戒煙已經夠難了，還得擔心別人怎麼看你，這是不是讓你有點受不了呢？

伯特：一想到我可能已經上癮，控制不了自己的癮頭，我就覺得很難受。

艾爾：（他注視著伯特的眼睛，點了點頭沉默了一陣子。他的眼神與沉默都顯示出他在意並關心伯特內心深處的感受與需要。）

伯特：其實我已經不喜歡抽煙了。現在你如果在公共場所抽煙，大家都會用異樣的眼光看你，感覺很尷尬。

艾爾：（繼續同理他）聽起來你真的很想戒煙，卻害怕自己可能會失敗，讓你因此而看不起自己並失去信心。

伯特：嗯，我想是吧……你知道，我想我之前都沒有跟你提過：通常有人叫我戒煙的時候，我都會叫他們滾蛋。我是想戒煙，但不希望別人給我壓力。

艾爾：我不想給你壓力，也不知道我是不是能夠安慰你，讓你不要擔心失敗，但如果你希望，我一定會盡可能地支持你。

伯特：我當然希望這樣。你關心我，也願意支持我，讓我很感動。但……萬一我還沒準備好要戒煙，你也不介意嗎？

艾爾：當然不介意。我還是一樣喜歡你。只是我希望能喜
　　　歡你更久一點！

　　由於艾爾的請求是真正的請求，而非要求，因此無論
伯特如何回應，都不會影響他對伯特的友情。他透過「我
還是一樣喜歡你」這句話表達了他的心意，以及他對伯特
的自主性的尊重，但同時也表達了他自己的需要：「我希望
能喜歡你更久一點。」

伯特：呃，那麼，我或許會再試一次……但是請你不要告
　　　訴別人，好嗎？
艾爾：當然，你自己決定要從什麼時候開始；我不會告訴
　　　任何人的。

練習四

表達請求

　　以下哪幾句話清楚表達了說話者的請求？如果你認為說話者表達了非常清楚明確的請求，請把那一句話前面的號碼圈起來，再看看我們的意見是否一致。

1.「我希望你了解我的意思。」
2.「我希望你能告訴我，你欣賞我做的哪一件事情。」
3.「我希望你能對自己更有自信。」
4.「我希望你不要再喝酒了。」
5.「我希望你能讓我做自己。」
6.「關於昨天的會議，我希望你能對我說實話。」
7.「我希望你開車時不要超過速限。」
8.「我希望能進一步認識你。」
9.「我希望你能尊重我的隱私權。」
10.「我希望你能更常做晚飯。」

　　以下是我的回應：

1. 如果你圈起這句，表示我們的看法不同。在我看來，「了解」並不是一個明確具體的行動。要提出具體明確的請求，可以說：「我希望你能告訴我，你聽到我說了些什麼。」

2. 如果你圈起這句，表示我們的看法一致。我們都認為說
   話者是在請求對方採取一個明確具體的行動。

3. 如果你圈起這句，表示我們的看法不同。在我看來，
   「更有自信」並不是一個明確具體的行動。要提出具體
   明確的請求，可以說：「我希望你能去上一門自我肯定
   的訓練課程，我相信那會增強你的自信心。」

4. 如果你圈起這句，表示我們的看法不同。對我來說，
   「不要再喝酒」這種說法並未表達出說話者想要什麼，
   而是他（她）不想要什麼。要提出具體明確的請求，可
   以說：「我希望你能告訴我，你透過喝酒滿足了哪些需
   要，並且和我討論有沒有其他方法可以滿足那些需要。」

5. 如果你圈起這句，表示我們的看法不同。對我來說，
   「讓我做自己」並不是一個明確具體的行動。如果要提
   出具體明確的請求，可以說：「我希望你能告訴我：就
   算我做了一些你不喜歡的事情，你也不會離開我。」

6. 如果你圈起這句，表示我們的看法不同。在我看來，
   「對我說實話」並非一個具體明確的行動。要提出具體
   明確的請求，可以說：「我希望你能告訴我，你對我做
   的事有什麼感覺以及你希望我做什麼改變。」

7. 如果你圈起這句，表示我們的看法一致。我們都認為說
   話者是在請求對方採取一個明確具體的行動。

8. 如果你圈起這句，表示我們的看法不同。在我看來，
   「進一步認識你」並非一個具體明確的行動。要提出具
   體明確的請求，可以說：「我希望你能告訴我，你是否

願意每個星期和我吃一頓午飯。」

9. 如果你圈起這句，表示我們的看法不同。對我來說，
「尊重我的隱私權」並非一個具體明確的行動。要提出
具體明確的請求，可以說：「我希望你進我的辦公室之
前，能先敲門。」

10. 如果你圈起這句，表示我們的看法不同。對我來說，
「更常」的意思並不明確。要提出具體明確的請求，可
以說：「我希望你每個星期一晚上都能做飯。」

第七章

以同理心聆聽

前面四章描述了非暴力溝通的四個要素：我們觀察到什麼、有什麼感受、有什麼需要，以及我們想提出什麼請求來豐富自己的生命。這是屬於自我表達的方面。在聆聽他人時也要注意這四個要素，以便了解對方觀察到什麼、有什麼感受、需要和請求。我們把這個部分的溝通過程稱為「**以同理心聆聽**」。

臨在：先別急著做什麼，停一下

所謂「同理心」（empathy）就是以尊重的態度了解他人的體驗。中國哲學家莊子曾經表示，真正的同理心就是全心全意地聆聽。他說：「若一志，无聽之以耳而聽之以心，无聽之以心而聽之以氣。聽止於耳，心止於符。氣也者，虛而待物者也。唯道集虛。虛者，心齋也。」

要同理他人，必須卸下心中對他們的所有成見與批判。出生於奧地利的以色列哲學家馬丁・布伯（Martin Buber）形容我們在面對生命時所必須具有的態度：「生命中的情境雖有諸多相似之處，但每一個情境都如同初生嬰兒般有一張新的面孔，一個獨一無二、空前絕後的樣貌，讓你無法事先準備，必須在當下做出反應。你只能拋開過往、活在當下，負起責任，全心投

> 非暴力的二大部分：1. 誠實地表達；2. 以同理心聆聽。
> 同理心：把自己的頭腦放空，全心全意地聆聽。

入。」

要一直抱持同理心並不容易。法國哲學家西蒙娜・薇依（Simone Weil）曾經表示：「很少人有能力關注受苦之人。一般人很難做到，幾乎等同奇蹟，甚至可以說就是一種奇蹟……那些自認具備這種能力的人幾乎都做不到。」面對受苦的人，我們往往沒有同理他們的感受，而是勸告、安慰他們，並說明自身的立場或感受。但要同理他人，必須全心全意聆聽他們傳達的訊息，給他們足夠的時間和空間充分表達，並且讓他們有被人了解的感受。佛家有一種說法就很貼切地描述這種能力：「別做什麼，待在那兒就好了。」

如果人們需要的是同理，但我們卻以為他們要的是安慰或建議，往往會讓他們感到挫折。有一次，我從女兒身上學到了一個功課：在給人勸告或安慰之前，要先確定他們是否需要。

有一天，她一邊照著鏡子，一邊喃喃自語：「我簡直醜得像隻豬。」我聞言便說：「妳是上天所創造出來的最可愛的人兒。」沒想到她立刻瞪著我大聲說道：「爹地，你真是的！」便甩門而去。後來我才知道她當時是希望我能同理她的心情。與其給她一些不合時宜的安慰，我不如對她說：「妳今天是否對自己的長相感到失望？」

我的朋友霍利・漢弗里（Holley Humphrey）指出，我們常有的一些行為會讓我們無法充分與他人同在，以致很難以同理心與他們建立連結。這些行為包括：

在提供忠告或勸慰之前，要先問對方是否需要。

- 勸告：「我認為你應該……」、「你怎麼不……呢？」
- 比慘：「這不算什麼；我碰過更慘的事呢……」
- 教導：「如果你……就可以讓這件事變成非常正向的經驗。」
- 安慰：「這不是你的錯；你已經盡力了。」
- 說故事：「這讓我想起那個時候……」
- 關閉感受：「開心一點。不要這麼難過。」
- 同情對方：「唉，你真可憐！」
- 質問：「這個情況是什麼時候開始發生的？」
- 解釋：「我本來要打電話給你的，可是……」
- 更正：「事情不是這樣的。」

猶太教的拉比哈羅德·庫希納（Harold Kushner）在他的著作《當好人遇上壞事》（*When Bad Things Happen to Good People*）中指出，在他的兒子性命垂危之際，有許多人試著安慰他，想讓他好過一些，但那些話聽在他的耳裡卻讓他感到十分痛苦。更讓他難受的是，他發現過去二十年來，自己在面對那些有著類似境遇的人士時，也總是說著同樣的話。

如果我們認為自己必須解決別人的問題，並且設法讓他們好過一些，就無法在當下與他們同在。那些擔任輔導員或心理治療師的人特別容易有這樣的想法。有一次，我在為二十三位心理衛生專業人員上課時，曾經問他們：當病人說「我覺得非常沮喪，實在看不出有什麼理由要活下去」時，他們會如何回

頭腦上的理解，會使人無法同理。

應，並請他們將自己的回應寫在紙上。我把他們所寫的答案收齊後便宣布：「現在我要把每一個人所寫的話逐一念出來。請各位想像自己就是那個很沮喪的病人。如果你聽到了一個讓你覺得自己被理解的回應，請把手舉起來。」結果，在那二十三個回應中，只有三個有人舉手。大多數的回應都是問對方：「這種情況是從什麼時候開始的？」表面上看來，醫師可以透過這類問題取得必要的資訊，以便進行診斷並解決問題。但事實上，這類知性的處理方式會讓他們在當下無法與病人同在，從而無法同理對方的心情。當我們思索別人的話語，並根據學到的理論加以推敲分析時，我們就是在檢視他們，而非與他們同在。而同理心的關鍵要素就是保持「臨在」，也就是：全心全意地與他人同在，對他們所經歷的一切感同身受。因此，「同理心」並不等於「頭腦上的理解」，也並非「同情」（sympathy）。儘管有時候我們會因為體會到他人的感受，而心生同情，但要了解一點：當我們對別人表示同情時，就不是在同理他們。

聆聽他人的感受與需要

　　非暴力溝通的原則是：無論人們以什麼樣的話語來表達自己，我們都要注意聆聽他們觀察到了什麼、有何感受、需要和請求。假設隔壁剛搬來的鄰居發生了一件緊急事故，你把車子借給他使用。當家人得知這件事時，反應很強烈：「你真傻呀！居然會相信一個陌生人！」這時，你與其：一、認為他們是在指責你並因而感到內疚；或二、責怪並判斷他們，不如運用非

> 無論別人說什麼，我們只要聆聽他們：
> 1. 觀察到什麼；2. 有何感受；3. 有何需要；4. 有何請求。

暴力溝通的四個要素來聆聽他們的感受和需要。

在這個例子當中，你顯然可以看出家人觀察到的事實：你把車子借給一個不熟的人；但有些時候，情況可能不是那麼明顯。比方說，如果有一個同事對你說：「你沒什麼團隊精神。」你可能一頭霧水，不知道他指的究竟是哪一件事。不過大致上，我們都能夠猜到別人在說什麼。

以下是非暴力溝通工作坊中的一段對話。我們從中可以看出：當我們習慣為他人的感受負責，並認為他們是在針對我們時，就很難把心思放在他們的感受和需要之上。對話中的女子想要學習如何聆聽她丈夫話語背後的感受和需要。我建議她先揣測丈夫的感受和需要，再與他核對。

丈夫：跟你講話有什麼用？妳從來都不聽。

女子：妳是不是對我不高興？

盧森堡：妳用「對我」這兩個字，就是在暗示他的感受是
　　　　妳的行為造成的。妳不妨說：「你之所以不高興，
　　　　是不是因為你需要……？」而不是「你是不是對
　　　　我不高興？」這樣一來，妳就會把注意力放在他
　　　　的內心世界，比較不會認為他是在針對妳。

女子：可是我要怎麼說呢？「你之所以不高興，是不是因為
　　　你……因為你怎樣？」

盧森堡：妳要在丈夫所說的話當中尋找線索。他說：「跟妳
　　　　講話有什麼用？妳從來都不聽。」他會這麼說，

> 要注意聆聽他人的需要，而非他們的想法。

是因為有什麼需要沒有被滿足？

女子：（試著同理丈夫的話語中所表達的需要）你之所以不高興，是不是因為你覺得我不了解你？

盧森堡：請注意：妳現在把焦點放在他的想法，而非他的需要。我覺得妳如果能把注意力放在人們的需要——而非他們對妳的看法——之上，就比較不會覺得他們對妳有惡意。與其解讀他之所以不高興，是因為他認為妳不聽他講話，妳不如試著覺察他有什麼需要。妳可以說：「你之所以不高興，是不是因為你需要……」

女子：（再試一次）你之所以不高興，是不是因為你需要我聽你講話？

盧森堡：這就對了！對你來說，用這種方式聆聽他所說的話是否會讓你產生不同的感受？

女子：確實如此，而且感覺很不一樣。我開始會注意他的內心世界，而不致以為是自己做錯了什麼事。

複述

仔細聆聽別人的觀察、感受、需要和請求之後，不妨把所聽到的意思用自己的話說出來。之前談到「請求」（請參見第六章）時，曾提到如何請別人複述我們所說的話，現在，讓我們來看看：要如何複述別人的話語。

複述別人的話語可以讓對方知道我們已經確實明白了他們的意思。如果我們說錯了，對方也可藉此機會加以更正。此外，這種做法還有一個好處：讓說話者有時間想一想自己剛才所說的話，並且有機會深入探索自己的內心世界。

根據非暴力溝通的原則，複述別人的話語時最好採取問句的形式，一方面把自己聽到的意思說出來，一方面讓說話者能做必要的更正。這類問句不妨著重於下列幾個要素：

1. 對方所觀察到的事實：「你會這樣，是不是因為我上個星期有幾天不在家？」
2. 對方的感受以及其中所隱含的需要：「你之所以覺得委屈，是不是因為你希望我能更欣賞你所做的努力？」
3. 對方所提出的請求：「你是不是希望我能告訴你，我為什麼會那麼說？」

　　要提出這些問題，必須試著揣測別人的感受與需要。萬一揣測得不對，他們就有機會加以更正。請注意以下這三個問句和上面那三句有何差別：

1.「你指的是我所做的哪一件事？」
2.「你感覺如何？」、「你怎麼會有那種感覺呢？」
3.「關於那件事，你要我怎麼做呢？」

　　這三個問題，都是在未曾試圖覺察對方感受的情況下，就請他們提供一些資訊，看起來似乎是最直接了解對方的方式，但在我看來並不是最安全的方式，因為有許多這類問題，可能會讓對方感覺像是被小學老師問話或被心理醫師問診一般。如

在請求他人提供資訊時，要先表達自己的感受和需要。

果真的要問這類問題，最好能先表達自己的感受和需要，讓對方明白我們為何要這樣問。這樣一來，他們就會比較有安全感。因此，與其問別人：「你指的到底是哪一件事？」不如說：「我覺得很挫折，因為我希望能了解你剛才指的到底是哪一件事。你願不願意告訴我：我做的哪一件事情讓你對我有這種看法？」當我們已經透過上下文或說話的口氣清楚表達了自己的感受和需要，這種做法或許就沒有必要，甚至沒有幫助。但在我們所提出的問題帶有強烈的情緒時，我建議最好還是這麼做。

如何決定什麼時候要複述別人的話語呢？毫無疑問的，當我們不確定自己確實了解對方的意思時，就可以把他們的話再說一遍，以便讓對方有機會更正。但即便我們自信已經了解了對方的意思，他們或許還是會想要確認，甚至可能會直接問：「我說得夠清楚嗎？」或「你懂我的意思嗎？」這時，如果能把你聽到的意思說出來，往往會比一句：「我懂。」更能讓對方感到放心。

舉個例子，我們有位學員在一家醫院擔任志工。她上完非暴力溝通的課程後不久，有幾位護士請她幫忙安撫一位年長的病患：「我們告訴那個奶奶，她的病沒那麼嚴重，只要吃藥就會改善，但她卻成天坐在房間裡，一直說：『我不想活了。我不想活了。』」於是，這位志工便前往探視那位老婦人，發現她果然一如那些護士所言一個人坐在那兒，嘴裡喃喃自語：「我不想活了。」

於是，這位志工便開始同理她的心情：「所以，妳想死了算

當別人對你說出情緒性的話語時，要加以複述。

了。」那位老婦人嚇了一跳，不再喃喃自語，而且似乎鬆了一口氣。接著，她便開始訴說她的心情有多麼難過，但卻沒有人能夠了解，而這位志工也不斷複述她的意思。說著說著，兩人就愈來愈親熱，最後甚至手勾著手坐在一起。後來，護士們問那位志工到底用了什麼妙招，使老奶奶不但開始進食、服藥，連心情也變好了。這些護士並不知道：她們雖然一再地勸解、安慰那位老奶奶，但後者真正需要的是和一個能夠傾聽她心聲的人建立情感上的連結。而這便是她從那位志工身上得到的東西。

究竟什麼時候複述說話者的意思？關於這點，並沒有絕對的標準，但根據經驗法則，如果說話者所表達的訊息非常情緒化，我們最好加以複述。輪到自己說話時，如果能夠向對方表明是否希望他們把我們的意思再說一遍，他們就比較不會無所適從。

但在某些場合，由於文化不同，我們就不一定要這麼做。舉例來說，有一次，一個中國人參加了我的工作坊。他的目的是要學習如何聆聽他父親的感受和需要。他覺得父親和他說話時，言語中總是帶有批判、攻擊的意味，令他難以忍受，以致他後來就不太敢去探視父親，有時甚至一連好幾個月都避不見面。他上完工作坊後，隔了十年又來找我，並且告訴我，他們父子的關係已經大為改善，變得親密而溫馨，因為他已經能夠聽出他父親的話語中所隱含的感受和需要。但儘管如此，他並不會把它們直接說出來。他告訴我：「我從來不會這麼做，因為中國人並不習慣直接談論對方的感受。但因為我知道他說那些

唯有在有助增進雙方的善意與理解時，才需要複述。

話只是在表達他的感受和需要，並不是在攻擊我，所以我們之間的關係就變得非常美好了。」

「所以，以後你也不會直接和他談論你們的感受，只要能夠聽出他的感受就好了？」我問他。

「不，我想我現在可能已經準備好了。」他答道。「如今我們的關係已經很穩固了。所以，如果我跟他說：『爸，我希望能直接和你談談我們兩人的感受。』我想他可能不會拒絕。」

複述他人的語意時，要非常注意自己的口氣。只要其中有一絲批評或嘲諷的意味，對方很可能都聽得出來。同樣的，如果語氣太過斬釘截鐵，彷彿很確定對方心裡在想什麼，也會讓他們感覺不太舒服。不過，如果我們刻意聆聽他人的感受和需要，對方自然可以透過我們的語氣，明白我們是在詢問自己所聽到的意思是否正確，而不是在宣稱我們已經了解他們的意思。

除此之外，複述別人的語意時也要有心理準備，因為有人可能會誤會我們的意思。他們可能會說：「少跟我玩這套心理學的把戲了！」萬一發生這種情況，我們只要繼續試著覺察對方的感受和需要就可以了。或許會發現他們並不相信我們，需要更進一步了解我們的用意，才能欣賞這樣的做法。不過，正如先前提過的，當我們將注意力聚焦於訊息背後所隱藏的感受和需要時，就再也聽不到任何批評、抨擊、侮辱或判斷了。愈是如此，就愈能體會一個簡單的道理：人們之所以會說那些難聽的話語，純粹是因為他們有一些需要沒有得到滿足，希望我們

人們之所以口出恫嚇的言語，目的只是希望我們能滿足他們的需要。

能幫助他們罷了。我們如果能以這樣的態度聆聽他人的話語，就永遠不會因為他人說了什麼而感到屈辱。之所以會感覺自己的尊嚴受損，是因為我們對別人的批評耿耿於懷，或者認為自己有錯。正如作家暨神話學者約瑟夫・坎伯（Joseph Campbell）所言：「要想擁有幸福，就不要理會別人對我們的看法。」當我們開始把過去視為批評或指責的那些話語當成禮物，因為它讓我們有機會可以幫助痛苦的人時，我們就會開始感受到這樣的幸福。

如果複述別人的語意時，對方經常懷疑我們的動機和誠意，可能需要更進一步省視自己的意圖。或許我們只是依照非暴力溝通的原則機械化地覆誦，卻忘了自己目的何在。或許我們比較在意方法的「正確性」，而沒有真正用心與對方連結。也可能我們雖然採用非暴力溝通的方法來溝通，但卻一心一意只想改變他人的行為。

有些人會抗拒複述他人語意的做法，認為這是在浪費時間。有一次我請工作坊的學員練習複述時，一位在市政府任職的學員表示：「我的工作是提供資料，解決問題，不是坐在那兒為所有來到辦公室的人做心理治療。」然而，有許多市民去向他陳情時，都覺得他根本沒有把他們的心聲聽進去。其中有些人私底下告訴我：「你去辦公室找他，他只會給你一堆資料，但你從來都不知道他是否有把你的話聽進去。在這種情況下，你自然會開始懷疑他給你的資料。」事實上，複述他人的語意往往能夠節省時間，而非浪費時間。有幾項針對勞資談判所做的

他人所說的負面話語，讓我們有機會豐富他們的生命。

研究顯示：當談判人員都同意在做出回應之前，先複述前一位講者所說的話，解決衝突所需的時間將會減少一半。

這讓我想起一個故事。從前有一位男士因為婚姻出現了嚴重的問題，便和妻子一起來到我的工作坊上課。但最初他並不相信複述別人的語意會有什麼效果。在課堂上，他的太太對他說：「你從來都不聽我說話。」

「我有聽。」他答道。

「不，你沒有。」她反駁道。

這時，我告訴那位先生：「你剛才的表現恐怕正好證實了她的說法。你回答的方式並沒有讓她知道你有在聽她說話。」

他聽得一頭霧水。於是我便請他允許我扮演他，而由於他自己在這個部分並不是很成功，所以他也欣然答應了。於是，我和他的太太便展開了以下這段對話：

太太：「你從來都不聽我說話。」

盧森堡（扮演她的丈夫）：「妳聽起來似乎很挫折，因為妳希望在和我交談的時候，能感受到更多的連結。」

那位太太聽見這話，眼裡便泛起了淚水，因為她終於有了被人了解的感覺。我轉身向那位先生解釋：「我相信這就是她所表達的需要——她希望你能讓她知道你已經聽見她的感受和需要。」那位先生聞言頓時目瞪口呆。「她想要的就是這個？」他問，似乎無法相信如此簡單的一個舉動，居然能對他的太太產生這麼強烈的影響。

過不了多久，當他說了一句帶有強烈情緒的話，而他的太

複述可以節省時間。

太馬上複述了他的意思時，他終於親身體會到那種滿足感，於是他便看著我說道：「這真的有效！」能夠明確的感受到有人能透過同理心與我們連結，是一種很深刻的經驗。

持續同理

別人向我們吐露心事時，不妨先讓他們有機會充分表達感受，然後才把注意力放在解決的方案上。如果太快提到對方可能想提出的請求，他們或許會以為我們對他們的感受和需要並不真的感興趣，只是急著要擺脫或解決他們的問題。更何況，他們剛開始時所透露的訊息往往只是冰山的一角，可能還有一些相關（而且往往更強烈）的感受尚未表達。如果能持續把注意力放在對方的內心世界，就可以讓他們有機會充分探索並表達自我。如果太快把注意力放在他們的請求上，或者太急著要表達自己的看法，就會使他們無法充分表達自我。

假設一個母親訴苦說：「我的孩子簡直不可理喻。無論我叫他做什麼，他都不聽。」這時，我們可以複述她的感受和需要：「妳聽起來似乎有些絕望，希望能找到某種方法和妳的兒子連結。」這樣的回應往往會促使對方省視自己的內心。如果我們準確說出她想表達的意思，她可能會談到她的其他感受：「或許那是我的錯。我總是對他大吼大叫。」身為聽者，要繼續聆聽她想表達的感受和需要，比方說，可以問她：「妳是不是有點罪惡感，希望之前能更體諒他？」如果她聽了這話，感覺我們已經了解她了，或許會說出她內心深處的感受：「我真是一個失敗

在聆聽時，若能持續同理對方，就可以讓他們碰觸到自己的內心深處。

的媽媽。」這時，仍然要繼續聆聽她所表達的感受和需要：「所以，妳覺得很氣餒，希望能改變和他相處的方式，對嗎？」持續這般地同理她，直到她表達出對此事的所有感受為止。

可以從哪些跡象看出對方已經得到他（她）所需要的同理了呢？首先，人在自己的心事充分被同理時，心情會很輕鬆，身體也因而不再那麼緊繃。還有一個更明顯的跡象是：他們會安靜下來，不再一直說個不停。如果我們不確定對方是否充分表達心聲，可以問：「你還有什麼話想說嗎？」

當我們因自身的痛苦而無法同理他人時

我們不可能把自己沒有的東西給別人。同樣的，如果我們努力同理他人卻發現自己做不到或者不想這麼做，這通常顯示自身並沒有得到足夠的同理，因此才無法同理他人。有時，我們如果坦承自己因為心裡有一些痛苦，以致無法同理他人，對方可能反而會來同理我們。

有時，我們需要像聆聽他人一般，專注聆聽自己內在的聲音，藉此給自己一些「急救式的同理」（emergency first aid empathy）。聯合國前任祕書長道格‧哈馬紹（Dag Hammarskj-old）曾說：「你愈是如實地聆聽自己內在的聲音，就愈能聽到外面所發生的一切。」如果我們很擅於同理自己，往往只要幾秒鐘，就會發現自己的能量已經自然而然地得到釋放，使我們得以與他人同在。若做不到這一點，還是有其他一些選擇。

首先，我們可以用非暴力溝通的方式吼叫。我曾經花三天

當說話者：1. 顯得比較放鬆，或 2. 不再講個不停時，我們就知道他們已經得到足夠的同理。

的時間調停兩派人馬之間的衝突。其中一派自稱為「埃及黑人」（Black Egyptians），另一派則是「聖路易市東區警察局」。這兩派人馬互相殘殺，以致一個月內死了三個人（比數是二比一）。那三天當中，我絞盡腦汁設法讓這兩派人馬面對面聆聽彼此的立場，以便化解他們之間的紛爭，因此情緒一直處於緊繃的狀態。我記得最後一天開車回家時，心裡一直在嘀咕著：我這輩子再也不要調解任何一場衝突了。

沒想到一走進我家的後門，立刻看到我那幾個孩子正在打架。這時，我已經沒有力氣同理他們了，便以非暴力溝通大聲說道：「嘿，我現在很難受！真的不想再管你們打架的事情了！請你們讓我安靜一會兒！」當時我的大兒子才九歲。他聽見這話後便立刻停手，並且看著我問道：「你要不要跟我們聊一聊？」

如果我們能赤裸裸地談論自己內心的痛苦，不指責別人，有時候就連那些身處不幸的人也可以聽出我們的需要。在前述的例子當中，我不想對孩子大吼：「這怎麼回事？難道你們一點兒規矩都不懂嗎？拜託，我在外面辛苦了一天，才剛回到家耶！」也不想暗示一切都是他們的錯，於是便以非暴力的方式，大聲宣告自己當下的痛苦以及迫切的需要。

假使對方的感受也很強烈，無法聆聽我們的心聲，也不肯放過我們，而且無論我們做「急救式的同理」或大聲宣告自己的痛苦都沒有效，我們還有第三個選擇：離開現場，到另外一個地方去同理自己，等到心境調整好了之後再回去。

> 我們需要得到同理，才能同理他人。

總結

所謂「同理心」就是尊重地理解他人所經歷的一切。在面對受苦之人時，往往會很想給他們一些勸告或安慰，並說明自己的立場或感受。但要同理他人，必須摒棄所有先入為主的想法，全心全意地聆聽他們。

非暴力溝通的原則是：無論別人以什麼樣的言辭來表達自己，我們只要注意聆聽他們的觀察、感受、需要和請求就可以了。之後，可以把自己所聽到的意思複述一遍。此外，要持續同理對方，讓他們有機會充分表達，再考慮他們可能提出的請求。

要同理別人，必須先同理自己。當意識到我們急著為自己辯解或無法同理他人時，就需要：一、暫停，深呼吸，同理自己；二、以非暴力的方式大聲說出自己的痛苦；或三、離開現場。

非暴力溝通應用實例

一位太太和病危丈夫連結

　　一個病人剛被診斷出得了晚期肺癌。下面這一幕發生在他的家裡，其中包含了三個人：病人、他的妻子和一個前來訪視的護士。這是他在入院之前和太太建立情感上的連結並討論他的死亡的最後機會。那位太太一看到護士，便向她抱怨起醫院派來照護她先生的那個物理治療師。

太太：她是個很差勁的治療師。

護士：（同理對方的感受和需要）妳是不是很生氣，希望妳先生能夠得到更好的照護？

太太：她什麼事也沒做。每次我先生的脈搏變快了，她就叫他不要再走路了。

護士：（繼續聆聽對方的感受和需要）妳是不是希望妳先生的病情能夠改善，所以才擔心物理治療師如果不逼他走路的話，他的體力就不可能變好？

太太：（開始哭泣）嗯，我好害怕。

護士：妳是不是很怕失去他？

太太：嗯，我們在一起這麼久了。

護士：（聆聽她的恐懼背後所隱藏的其他感受）妳是不是擔心，他如果死了，妳不知道會怎樣？

太太：我簡直無法想像我如果沒有他，要怎麼活下去。他向來都是我的支柱。

護士：所以妳一想到會失去他，心裡就很難過？

太太：除了他以外，我就沒有別人了。他是我的一切。我女兒連話都不肯跟我講了。

護士：聽起來，妳一想到女兒，就覺得很挫折，因為妳希望妳和她之間的關係能夠改善。

太太：但願如此。但是她太自私了。真不知道當年我為什麼要生小孩。妳瞧，我現在得到了什麼回報！

護士：聽起來妳好像有點生氣，也有些失望，因為妳希望在丈夫生病期間，家人能給妳更多的支持。

太太：嗯。他病得這麼嚴重。我不知道我一個人要怎麼撐下去。現在我身邊沒有一個人……除了妳以外，連個說話的對象都沒有……連他都不肯跟我談一談……妳看他！（她的丈夫仍然神情木然，不發一語）他什麼話都不說！

護士：妳是不是很傷心，希望你們能彼此扶持，有更緊密的連結？

太太：嗯。（她停頓了一下，然後便提出了一個請求）請妳像這樣跟他談一談。

護士：（想確定她這個請求是想滿足什麼需要）妳是不是希望我像這樣聽他說話，幫助他表達內心的感受？

太太：是的，是的，就是這樣！我希望他能自在地把心裡的話說出來，也希望能了解他的感受。

聽到護士所做的揣測後，這位太太終於意識到自己想要什麼，並得以清楚明白地表達出來。這是一個關鍵性

的時刻：人們在面臨某個情境時，或許知道自己不想要什麼，但往往卻說不出自己想要什麼。在這個例子當中，我們可以看出：當你向別人提出了一個明確的請求（「請你像這樣跟他談一談」），就賦予對方某種力量。那位護士因此得以採取一個符合那位太太意願的行動。如此一來，整個氛圍就有了改變，因為她們兩人現在可以懷抱善意，「彼此合作」了。

護士：（轉身看著那位先生）你聽到太太說的話，心裡有什麼感受？
先生：我真的很愛她。
護士：你是不是希望有個機會和她談一談？
先生：是的，我們需要談一談。
護士：你願不願意談談你得了癌症的感受？
先生：（沉默片刻）感覺不是很好。

　　當人們還無法辨識自己的情緒時，往往會用「好」或「壞」等語詞來形容他們的感受。這位先生如果能夠更準確地表達自己的感受，將有助於他和太太建立他所希望的那種情感連結。

護士：（鼓勵他做更精確的表達）你是否害怕死亡？
先生：不，我不害怕。（請注意：護士雖然猜錯了，但他們之間的對話仍得以持續進行。）
護士：（由於這個病人很難說出自己內心的感受，她便繼續

幫助他)那你是否對自己即將死亡這件事感到憤怒？

先生：不，我並不憤怒。

護士：(在連續兩次猜錯之後，她決定說出自己的感受。)
呃，我有些困惑，不太明白你的感受，不知道你是
否可以告訴我？

先生：我在想，我走了以後她不知道會怎樣。

護士：喔，你是擔心你走了以後，她一個人可能無法生
活？

先生：是的，我擔心她會想念我。

護士：(她知道瀕死之人往往會因為擔心所愛的人而努力撐
下去。有時，他們需要知道後者可以接受他們的死
亡才能安心的離開。)你想不想聽聽你太太聽了你
這些話，有什麼感受？

先生：想。

這時，那位太太便加入了談話。在護士的陪同下，他
們夫婦開始開誠布公地向對方表達自己的感受。

在這場對話中，那位太太一開始是在抱怨物理治療
師，但在那護士以同理心聆聽她的話語後，她終於發現她
真正想要的是在生命中的這個關鍵時刻，和丈夫建立更深
的連結。

練習五

有同理心的聆聽 vs. 沒有同理心的聆聽

　　你認為在以下哪些對話當中，乙對甲做出了有同理心的回應？請將這些對話前面的數字圈起來，再看看我們的觀點是否一致。

1. 甲：我怎麼會幹這種蠢事呢？
   乙：沒有人是十全十美的，你不要對自己這麼嚴苛。

2. 甲：如果你問我的意見，我會覺得我們應該把這些移民通通送回他們原本的居住地！
   乙：你真的以為這樣就能解決問題嗎？

3. 甲：你又不是上帝！
   乙：你聽起來很挫折，這是不是因為你希望我承認我們可以用不同的眼光來看待這件事？

4. 甲：你一直把我的存在視為理所當然。我倒想看看你如果沒有我，該怎麼辦？
   乙：你這樣說就不對了！我並沒有把你的存在視為理所當然。

5. 甲：你怎麼可以對我說這種話呢？

乙：你是不是因為我說了那些話而感到受傷？

6. 甲：我很氣我先生。我需要他的時候，他都不在我身邊。
   乙：你認為他應該多陪陪你？

7. 甲：我愈來愈胖了。好討厭喔！
   乙：你或許應該開始跑步。

8. 甲：這一陣子籌備女兒的婚禮，把我搞得緊張死了。她
     未婚夫的家人對婚禮的想法每天都在變。
   乙：所以你為了籌備婚禮，心情很緊張，希望未來的親
     家能夠了解，他們那種優柔寡斷的態度，對你造成
     了困擾。

9. 甲：每當我的親戚沒有事先通知就突然跑過來，我就會
     覺得自己受到了侵犯。它讓我想起從前我的爸媽經
     常會無視於我的需要，幫我做一些安排。
   乙：我明白你的心情。我從前也有這種感覺。

10. 甲：我對你們的表現很失望。我原本希望你們這個部門
      上個月的產量能夠有倍數的成長。
    乙：我知道你很失望，但上個月我們有很多人請病假。

以下是我的答案：

1. 我沒有把這一段對話圈起來，因為我認為乙並沒有同理甲所表達的心境，而是在安慰他（她）。

2. 我認為乙是在指點甲，並沒有同理甲所表達的心境。

3. 如果你把這段話圈起來，表示我們的看法一致。我認為乙同理了甲所表達的心境。

4. 我沒有把這段話圈起來，因為我認為乙是在反駁甲，並且為自己辯護，並沒有同理甲的心境。

5. 我認為乙是在為甲的感受負責，並沒有同理甲的心境。他其實可以說：「你之所以感到受傷，是不是因為你希望我能答應你的請求？」這樣的回應比較有同理心。

6. 如果你把這段話圈起來，表示我們有一部分的看法一致。我認為乙聽出了甲的想法。但我相信如果能夠聽出他人的感受和需要（而非想法），就能和他們建立更深刻的連結。因此，我覺得乙如果說：「你聽起來很生氣。這是不是因為你希望他多陪陪你？」會更好一些。

7. 我沒有把這段話圈起來，因為我認為乙是在給甲一個建議，並沒有同理甲的心境。

8. 如果你把這段話圈起來，表示我們的看法一致。我認為乙已經同理了甲的心境。

9. 我沒有把這段對話圈起來，因為我認為乙想當然耳地認為自己明白甲的心情，並談論自己的感受，而沒有同理甲的心境。

10. 我沒有把這段話圈起來，因為我認為乙剛開始的時候有同理甲的感受，但之後就開始解釋自己的情況。

第八章
同理的力量 ”

同理心能療癒人

　　卡爾‧羅吉斯曾經描述同理心對人的影響：「如果有一個
人真的聽到了你的心聲，而且不批判你、不試圖為你負責，也
不想改變你，那種感覺真的很棒！……如果有人傾聽了我的話
語，明白我的意思，我就能以不同的眼光來看待這個世界，並
且繼續生活……當有人傾聽我們的話語，並聽見我們的心聲
時，原本看似無解的問題，會變得可以解決，原本無可救藥的
混亂狀態，會變得較為清楚分明。」

　　我很喜歡一所創新式小學的校長告訴我的一個關於同理心
的故事。她說有一天吃完午飯回到辦公室，發現一個名叫米莉
的小學生垂頭喪氣地坐在那兒等她。她走到米莉身邊坐下來，
後者便開口了：「安德森太太，妳有沒有過這樣的經驗：妳根本
不想傷害任何人，可是妳一整個禮拜所做的每一件事情都傷害
到別人？」

　　「有啊！」那位校長答道。「我想我可以了解妳的感受。」
米莉聞言便開始訴說她這個星期所發生的事情。校長告訴我
們：「當時，我連外套都沒脫下來，而且還得趕去開一個很重要

> 同理心讓我們得以「用一種新的眼光看待這個世界，並得到活下去的
> 力量」。

的會議，時間上已經快來不及了。我心裡有點急，不想讓整個會議室的人等我一個，於是我便問她：『米莉，我能為妳做什麼嗎？』沒想到米莉伸手按住我的肩膀，看著我的眼睛，語氣堅定地說道：『安德森太太，我不要妳**做**什麼事，我只要妳聽我說話。』」

「這是我這一生當中所學到的最重要的功課之一，但卻是一個孩子教給我的。當時我就想：『不要管那些大人了，讓他們等一會兒吧！』我便帶著她到一個比較不會被人打擾的角落，在一張長椅上坐下，我摟住她的肩膀，而她也攬著我的腰，把頭靠在我的胸前，開始向我訴說她的心事。後來我發現：這樣做，其實也沒有花去太多時間。」

在工作時，最令我滿意的事情之一，就是聽到別人告訴我，他們如何用非暴力溝通增強了同理別人的能力。我那位住在瑞士的朋友蘿倫思曾經告訴我一個故事：有一次，她對她那個六歲的兒子說了一些話，不料還沒講完，他就氣沖沖地奪門而去，讓她非常火大。這時，她那個十歲的女兒（不久前她才陪蘿倫思參加過非暴力溝通的工作坊）說道：「媽，妳看起來很生氣耶！妳是不是希望他在生氣的時候能把話說出來，而不是像這樣一走了之？」蘿倫思很驚訝地發現：她聽到女兒講的話之後，怒氣頓時就消減了。因此，當兒子回來時，她就比較能夠體諒他了。

一位大學講師曾經告訴我，當他們系上的幾位教師學會如何以同理心聆聽學生說話，更坦誠地表達自我、不避諱透露自

「別只想著要做什麼……」
我們比較難以同理那些地位比我們高、權力或資源比我們多的人。

己的軟弱之處時，師生關係便逐漸起了變化。「學生們愈來愈願意對我們吐露心事，訴說他們個人所遭遇的那些影響課業表現的問題。逐漸的，他們的功課愈來愈好。因此，儘管這樣的聆聽會花很多時間，但我們還是很樂意這麼做。可惜系主任卻不太高興。他說我們又不是心理諮商師，不需要花那麼多的時間和學生談話，應該把那些時間用來教書才對。」

當我問這位講師系上的老師如何回應時，他答道：「我們能同理系主任的顧慮，知道他是在擔心我們，希望我們不要做無法處理的事，此外他也不希望我們和學生談話的時間，會排擠上課的時間。他聽到我們的回答後似乎鬆了一口氣。後來，我們仍然繼續和學生談話，因為我們發現，愈是聆聽他們的心聲，他們的課業表現就愈好。」

在一個有階級之分的機構工作時，往往會把上司所說的話視為命令與判斷。我們在面對自己的同儕與下屬時，很容易同理他們，但在面對「上級」時，往往會急著為自己辯解或向對方道歉，無法同理他們。因此，聽到那些老師不但能同理自己的學生，也能同理系主任，我特別感到欣慰。

坦露自己內心的脆弱

由於在運用非暴力溝通時必須揭露自己內心的感受和需要，因此有時候我們會覺得很難用非暴力溝通來表達自我。不過，當我們同理他人之後，就會比較容易表達自我。這是因為：同理他人時，會碰觸到他們的人性，並意識到彼此身上有

愈能同理另一方，就愈不會感覺他們是危險人物。

一些共同的特質。我們愈能和他們的話語中所隱含的感受和需要連結，就愈不怕坦露自己。在某些場合中，我們之所以不願意展現自己內心的脆弱，是因為我們想要保持一個「強悍」的形象，以免喪失權威感或掌控權。

有一次，我在和克利夫蘭市的某個街頭幫派談話時，坦露了內心的軟弱。我告訴他們我覺得有點難過，希望他們能夠更尊重我一些。結果，其中一人說道：「嘿，你們瞧，他覺得有點難過呢！這可真糟糕！」其他成員聞言便哄堂大笑。遇到這種情況，我可以認為他們是在吃我豆腐（第二個選擇：責怪他人），也可以同理他們的行為背後所隱藏的感受與需要（第四個選擇：覺察他人的感受與需要）。

如果我認為他們是在羞辱我或吃我豆腐，可能會感到受傷、氣憤或害怕，因而無法同理他們。這時，我就需要離開現場，以便給自己一點同理，或者請某個信得過的人來同理我的心境。當我發現自己情緒背後所隱藏的需要，並且得到了足夠的同理時，就可以回去同理對方了。因此，我建議各位在遇到痛苦的情境時，要先讓自己得到足夠的同理，才能超越腦海中的想法，體認自己內心深處的需要。

當我仔細聆聽那個幫派成員所說的話（「嘿！你們瞧，他覺得有點難過呢！這可真糟糕！」）以及後來響起的笑聲，我意識到他們有些不高興，不想要因此而產生罪惡感或受人操控。我猜想他們之所以有這樣的反應，或許是因為有人曾經利用「我很難過」之類的話語來暗示他們做得不對。儘管我並未向他們

> 當我們注意聆聽他人的感受和需要時，
> 雖然沒有講話，但已經透露出許多訊息。

求證，因此無從知道這個揣測是否正確，但有了這種想法之後，我就不會認為他們是在針對我，也不會生氣了。因此，當時我並沒有因為他們取笑我或對我不敬而批判他們，而是努力揣摩他們這種行為背後所隱藏的痛苦和需要。

不久，有一個人突然大聲說道：「你剛才講的那一套都是屁話啦！假設這裡有另外一個幫派的人，而且他們有槍，你沒有。難道我們只要站在那裡跟他們講話就好了嗎？真是胡說！」

大家聞言又笑了起來。這時，我再度把注意力放在他們的感受和需要上：「聽起來你們真的不想學一些你們認為在這種情況下根本派不上用場的東西，對嗎？」

「沒錯，如果你住在我們這一帶，就會**知道**你講的那一套，都是胡說八道。」

「所以，你們希望來上課的老師，能了解你們這一帶的情況，對嗎？」

「那當然。在我們這兒，搞不好你還說不上兩個字，就被那些傢伙給槍斃了！」

「所以，你們希望來給你們上課的人，能夠了解這一區的情況有多麼危險，是嗎？」我繼續以這種方式聆聽他們所說的話，有時會把我聽到的意思說出來，有時則沒說。過了四十五分鐘後，我發現他們的態度有了轉變：他們開始覺得我真的很了解他們。參與這項計畫的一名輔導員也注意到這個轉變。他問這些幫派成員：「你們覺得這個人怎麼樣？」結果之前一直挑釁我的那名男子答道：「他是我們遇過最好的講師。」

輔導員聽了以後非常驚訝。他湊近我的耳朵小聲說道：「可是你什麼也沒說呀！」事實上，我說了很多，因為我向他們做了一個示範：無論他們對我說了什麼，我都可以聽出其中所蘊

含的人類共通的感受和需要。

以同理心化解危機

在情勢緊張時，如果能夠同理他人，或許可以避免暴力。

一位在聖路易市任教的老師曾談及個人的親身體驗。她任教的學校位於市中心的貧民區。校方曾經警告所有老師：為了安全起見，放學後最好不要留在學校裡。然而有一天，這位認真負責的老師為了幫助一名學生，還是留了下來。不久，一位陌生人走進她那間教室。兩人便展開了以下這場對話：

年輕人：把妳的衣服脫掉。
老師：（注意到那年輕人正在發抖）你看起來非常害怕。
年輕人：媽的，妳沒聽見我的話嗎？趕快把妳的衣服脫
　　　　掉！
老師：我感覺你很生氣，而且希望我照著你的話去做。
年輕人：沒錯。妳如果不想受傷，就趕緊照著我的話去做。
老師：請你告訴我：有沒有別的方式可以滿足你的需要，
　　　　但又不會傷害到我？
年輕人：快點脫掉！
老師：我聽得出來你很想這麼做，但也希望你能明白我有
　　　　多麼害怕、多麼難受。如果你能夠不傷害我，我會
　　　　很感謝你的。
年輕人：把妳的錢包給我。

這位老師聽到這話，知道自己不會遭到強暴，終於鬆了一口氣，把她的錢包拿給那個年輕人。根據她事後的描述，她每

次同理那個年輕人時，都可以感覺到他沒有那麼想強暴她了。

有一位任職於大都會的警察，在上非暴力溝通的進階課程時，曾經這樣告訴我：

> 我真高興上次上課時，你要我們練習同理那些憤怒的人。過了幾天後，我進入一座國宅去逮捕人。當我把他帶到國宅外面，看到我的車子已經被大約六十個人團團圍住了。他們對我大喊：「把他放開！他什麼也沒做！你們這些警察都是種族主義分子，是一群豬！」之類的話。我雖然不太相信在這種情況下同理心可以派得上用場，但也沒有其他選擇。於是，我就試著把他們話中所隱含的感受一一說出來，像是：「所以你不相信我有理由逮捕這個人？」、「你們以為這件事和種族有關？」等等，如此這般。過了幾分鐘後，那群人對我的敵意就逐漸減輕了。最後，他們終於讓開了一條路，讓我得以走到我的車子那兒。

最後，我想舉一個例子說明我們可以如何運用同理心避免暴力。這是一個年輕的女學員在第二次參加非暴力溝通工作坊時講述的故事。這位女學員在多倫多一所戒毒中心上班。有一天晚上，輪到她值夜班。到了十一點鐘左右，有一個看起來顯然有毒癮的男子從街上走了進來，要求她給他一個房間。但這位女學員表示當天晚上的房間已經全滿。就在她正要把另外一家戒毒中心的地址拿給那人時，他突然把她推倒在地上。「接著，他就跨坐在我身上，用一把刀子抵住我的脖子，大聲說：『妳這個婊子，不要騙我！妳明明就有房間！』」

這位女學員便開始運用她所學到的方法，傾聽他的感受和需要。

　　「妳在那種情況下還記得要這麼做呀？」我對她刮目相看。

　　「要不然我還能怎麼辦呢？有時候，人在狗急跳牆的情況下，自然就會變成溝通高手！」接著她又說：「你知道嗎？馬歇爾，你上回在工作坊裡講的那個笑話真的幫了我的忙。事實上，我認為它救了我一命。」

　　「什麼笑話？」

　　「你還記得你說過，在別人生氣的時候絕對不要跟他說『可是』嗎？當時我已經準備要跟他講道理了。我想告訴他：『可是我們真的沒有房間呀！』但在那個當下，我突然想起了你說的那個笑話。我之所以會記得那麼清楚，是因為就在一個星期之前，我在和我媽媽吵架時，她對我說：『無論我說什麼，妳總是說「可是」。小心我宰了妳！』你想，如果連我自己的媽媽都會因為我說『可是』而氣得想把我宰掉，那這個男人會怎麼做呢？當他對著我大吼大叫，如果我對他說：『可是我們真的沒有房間了呀！』我想他鐵定會把我的脖子割斷的！」

　　「於是，我就深吸了一口氣，對他說：『你聽起來真的很生氣，希望我能給你一個房間。』他一聽就大聲地說道：『我雖然有毒癮，但是也應該受到尊重呀！卻沒有人瞧得起我！我真是受夠了。妳知道嗎？連我的爸媽都沒有把我放在眼裡。我需要受到別人尊重！』我繼續把注意力放在他的感受和需要上，對他說：『所以，你已經受不了了，因為你一直沒有得到你所想要

面對一個怒氣沖沖的人，與其說「可是……」，不如同理他的感受。

的尊重，是嗎？』」

「這個情況持續了多久？」

「嗯，大約三十五分鐘。」她答道。

「當時妳一定嚇壞了。」

「不，我們講了兩三句之後，我就不害怕了，因為當我專心聆聽他的感受和需要時，我就不再把他當成怪物了。我發現，就像你之前所說的，我們眼中的那些『怪物』其實都是人，只不過有時候他們的言語和行為會讓我們看不到他們身上的人性。我愈專注聆聽他的感受和需要，就愈發現他只是一個因為需要沒有得到滿足而感到絕望的人。我開始相信，只要繼續這麼做，他就不會傷害我。後來，當他得到他需要的同理，果然就放開了我，並且把刀子收了起來。接著，我就幫他在另外一所戒毒中心找到了一個房間。」

她在如此驚險的情況下仍能記得以同理心回應，讓我非常欣慰，同時我也很好奇地問她：「那妳幹嘛還回來上課呢？看起來妳已經很精通非暴力溝通了，應該到外面去把妳學到的東西教給別人呀！」

「但我現在碰到了一個難題，需要你幫忙。」

「還有什麼事會比妳剛才描述的情況更棘手呢？」

「我需要你幫我應對我媽媽。雖然我知道不應該老是跟她說『可是』，但你知道嗎？第二天晚上，當我告訴她事情的經過時，她說：『妳如果繼續再做這份工作，我和妳爸爸遲早會得心臟病的。妳得換個工作才行。』結果你猜我怎麼回她：『可是，

> 當我們聆聽他人的感受和需要時，就不會再把他們當成怪物。
> 要同理那些和我們最親近的人，可能並不容易。

那是我的生活呀！』」

　　這個例子充分顯示：要以同理心回應自己的家人有多麼困難！

當對方說「不」，要如何同理

　　當別人對我們的請求說「不要」或「我不想」時，我們往往會以為他們在拒絕我們，因此學會如何在這種情況下同理對方，是很重要的一件事。如果認為別人之所以拒絕我們，是因為我們有什麼問題，而不了解對方實際上是怎麼想的，可能會因此而感到受傷。但如果能夠設法覺察對方的拒絕背後所隱藏的感受和需要，就能明白他們為何無法答應我們的請求。

　　有一次，工作坊下課後，我想帶學員們一起去附近吃冰淇淋。當我邀請一名女性學員一同前往時，她說：「我才不要呢！」口氣有些粗魯。起先我以為她是在拒絕我，但後來我提醒自己去覺察她話語背後所隱藏的感受和需要，於是便問她：「我感覺妳在生氣，是嗎？」

　　「不，我沒有生氣。」她答道。「我只是不希望每次開口講話時，都會被你糾正。」

　　此時，我意識到她不是在生氣，而是擔心，便問她：「妳不想去，是不是因為妳擔心我會在那樣的場合評論妳和別人溝通的方式？」

　　「沒錯。」她承認。「我可以想像我們一起坐在冰淇淋店裡，你仔細聽我說的每一句話的情景。」

> 當別人說「不」時，若能同理他的需要，就不會以為他們是在針對我們。

這時，我發現她是對我在上課時評論學員表現的方式感到害怕，而她之所以不想去，是因為她不想在公共場合受到那樣的評論，而非真的要拒絕我。於是，我便向她保證我不會當著大家的面評論她和別人溝通的方式，並且開始和她討論我要如何評論她上課時的表現，才不會讓她感到害怕。最後，她決定和我們一起去吃冰淇淋。

讓乏味的對話變得有趣

我們都曾經有過和別人談話時感覺很乏味的經驗。這種情況有時發生在社交場合：雖然聽著別人講話，卻完全沒有感受到我們和說話者有任何連結。有些人一講起話來就滔滔不絕，讓聽的人很怕對話會沒完沒了。而對話之所以無聊，是因為我們和說話者的感受、需要以及與那些需要相關的請求失去連結。當說話者沒有意識到自己的感受、需要以及請求時，說出來的話就會很乏味。這時，我們並沒有和說話者交流生命的能量，而是成了盛接對方話語的垃圾桶。

在談話很乏味時，該如何打斷對方，讓它恢復趣味，又該在什麼時候出手呢？我建議最好的時機是在我們已經不想聽下去的時候。等得愈久，就愈難保持禮貌。但打斷的目的並不在於讓自己能夠說話，而是要幫助講者和他的語言背後的生命能量連結。

至於該如何打斷？我們可以採用一種方式，那便是：設法察覺對方心中的感受和需要。因此，如果你的阿姨又再度說起

要使對話變得生動有趣，可以用同理心介入。

二十年前她的丈夫如何拋棄她和兩個孩子時，你可以打斷她，對她說：「阿姨，妳聽起來好像還是很傷心，希望他當年能夠更公平地對待妳。」人們往往沒有意識到他們要的其實是別人的同理，也不知道：如果想得到別人的同理，與其講述自己過去所遭受的不公與困苦，還不如表達自己內心的感受和需要。

要讓談話變得興味盎然，還有一個方法：坦白告訴對方我們想和他們有更進一步的連結，請對方告訴我們如何建立這樣的連結。有一次，在一個雞尾酒派對上，我置身於一群人當中，聽他們你一言我一語聊得不亦樂乎，感覺頗為無趣。於是，我便打斷他們的談話，對其他九個人說道：「不好意思，我覺得有點不耐煩，因為我希望能和你們有更多的連結，但我們的對話卻無法建立這樣的連結。我想知道剛才我們的對話是否能滿足你們的需要，如果是，你們的哪些需要被滿足了呢？」

結果那九個人通通盯著我看，彷彿我丟了一隻老鼠到潘趣酒鉢（punch bowl）裡。幸好我還記得要同理他們透過沉默所傳達的感受和需要：「看來你們不太高興我插嘴。這是不是因為你們希望能夠繼續聊下去？」

又經過一段時間的沉默後，其中一人回答：「不，我沒有不高興。我剛才是在思考你的問題。說真的，我並不是很喜歡這樣的談話；事實上，我覺得它很無聊。」

聽他這麼說，我吃了一驚，因為他可是話講得最多的那個人！但如今我已經不會感到訝異，因為我發現：如果聽的人感覺很無聊，說話者本身也必定覺得無趣。

聽者覺得很無聊的談話，說者自己也會覺得很無趣。
說者寧可聽者打斷他的談話，也不希望他們假裝聆聽。

你可能會問：我們怎麼好意思在別人講到一半時插嘴呢？有一次，我做了一項非正式的調查，提出了以下的問題：「如果你說話時講得太囉唆了，你希望對方假裝聽下去，還是打斷你的話？」我總共問了幾十個人，除了一個，其餘全都表示自己寧可被打斷。因此，我相信：與其假裝聽別人說話，打斷他們才是更體貼的做法，因為我們都希望自己的話語能夠豐富別人，而不是成為別人的負擔。

同理他人的沉默

對許多人來說，沉默是最難同理的訊息之一，尤其是在我們已經透露了自己內心的軟弱，想知道他人如何回應時，對方如果沉默不語，我們很容易往壞處想，因而忘記去覺察對方透過沉默傳達的感受和需要。

有一次，在為某家企業的員工上課時，談到一件讓我很激動的事。說著說著，我就開始哭了起來。當我把頭抬起來時，看到該公司的董事給了我一個難以接受的回應：沉默。他把頭轉開，我以為他臉上似是一種嫌惡的表情，讓我頗為難受。幸好我還記得要試著了解他的內心世界。於是，便對他說道：「我感覺你似乎很不喜歡看到我掉眼淚，希望能找一個比較能控制自己情緒的人，來當你們的顧問。」

如果他當時說「是」，我也知道那是因為我們兩人對「流露自己的情緒」這件事有不同的看法。我也不會因此認為自己剛才流露情緒的行為有什麼不對。然而，他的回答卻是：「不，完

> 當別人沉默不語時，我們可以試著覺察他的沉默背後的感受和需要，並加以同理。

全不是這樣。我當時只是在想：我太太一直很希望我是那種會掉眼淚的男人。」接著他告訴我，他太太一直抱怨他像一塊大石頭，而且已經要和他離婚了。

擔任心理治療師時，曾經有一對父母和我連絡，說他們有一個女兒，已經二十歲了，有精神方面的疾病，曾經住院好幾個月，接受藥物與電擊治療。在三個月前，她開始無法說話。因此，他們才和我連絡，希望帶她來看診。當他們把她帶到我的辦公室時，她必須有人攙扶才能走路。如果沒人幫忙，她根本無法行動。

到了我的辦公室之後，她蜷縮在椅子上，眼睛看著地板，不停地發抖。我試著同理她透過肢體語言表達的感受和需要：「我感覺妳很害怕，希望能夠確定妳在這裡能夠很安心說話，對嗎？」

眼見她沒有反應，我便表達了自己的感受：「我很關心妳。希望妳能告訴我：我要怎麼說或怎麼做，才會讓妳比較有安全感。」她還是沒有答腔。在接下來的四十分鐘裡，我繼續揣摩她的感受和需要，偶爾也把我的感受說出來，但她都沒有什麼反應，甚至似乎沒有意識到我正試著和她溝通。最後，我告訴她我累了，並說我希望她第二天能夠再來一趟。

接下來的幾天，情況還是像第一次一樣。我繼續揣摩她的感受和需要，有時會把它們說出來，有時則默默進行。偶爾，我也會表達自己的感受或想法。但她還是坐在椅子上發抖，一句話也不說。

到了第四天，她還是沒有反應。既然無法確定話語能傳達我對她的關懷，於是我便握住她的手，希望可以透過肢體接觸讓她感受到我的心意。結果，我一碰到她，她的肌肉立刻

緊繃，人也愈發地縮進椅子裡。我正要鬆開手時，突然意識到她稍微放鬆了一些，於是我就繼續握住她的手不放。過了一會兒，我注意到她愈來愈放鬆了。於是，有好幾分鐘的時間，我就一邊握著她的手，一邊像前幾天那樣和她說話。但她仍然一語不發。

隔天她抵達時，整個人看起來甚至更緊繃了，但和以往不同的是：這回她把臉別了過去，並且朝著我伸出了一隻握著拳頭的手。我起先有些迷惑，後來意識到她手裡似乎有個東西要給我。我握住那隻手，把手指掰開，發現裡面有一張皺皺的紙條，上面寫著：「請幫助我把心裡的話說出來。」

看到她終於願意和我溝通，我真是高興極了。經過一個小時的鼓勵，她終於慢慢地、膽怯地說出了第一句話。當我複述她的意思時，她似乎鬆了一口氣，便慢慢地、膽怯地繼續說下去。一年後，她把她寫的幾篇日記抄錄下來寄給我：

> 我出院了，不用再接受電擊治療，也不用再吃那些強效的藥物了。那大概是四月的事。之前的三個月所發生的事，我已經不記得了。四月之前的那三年半的時間，我也沒有印象。
>
> 他們說，我出院後有段時間一直待在家裡，飯也不吃，話也不說，一直躺在床上。後來我被轉診到盧森堡醫師那兒去做諮商。之後那兩、三個月所發生的事情，我都不太記得了，只記得我在盧森堡醫師的診間裡和他說話。
>
> 第一次和他見面時，我就開始「醒過來」了。之後，我開始告訴他一些我的困擾，一些我從來沒有想

過我會告訴別人的事。我還記得這對我來說是多麼的重要。說話是一件很不容易的事。但盧森堡醫師關心我，我也感受到他的關心，而且想和他說話。我把事情說出來以後，總是覺得很開心。我還記得當時我每次都在計算我還有幾天（甚至幾個小時）才能和他見面。

同時，我也發現面對現實也不是沒有好處。現在我愈來愈知道有些事情我必須自己去做。

這是很可怕的，也很困難。有時我雖然已經努力嘗試了，還是會一敗塗地，讓我非常氣餒。但我發現事情也有美好的一面。

過去這一年來，我發現和別人談心是一件很棒的事。我想這是我學到的功課之一。和別人說話而且發現他們真的在聽，有時甚至真的能了解我的意思，這真的是一個很美妙的經驗。

同理心所具有的療癒力量總是讓我感到訝異。我看到一個又一個傷心痛苦的人在遇到能夠同理他們的人之後，就開始振作起來，有了活力。要成為一個傾聽者，並不需要懂得心理學的理論，也不需要受過心理治療方面的訓練，最重要的是要能夠體會對方當下的感受與需要。

總結

同理心讓我們敢於展現自己的脆弱、化解可能發生的暴力、不把別人的「不」當成是拒絕、讓乏味的對話變得有趣，甚至讓我們能聽出別人透過沉默所表達的感受和需要。許多原

本傷心痛苦的人，在有人以同理心傾聽他們的心事之後，就開始振作，有了活力。

能臨在於當下，才有能力同理。

第九章
用愛與自我連結 "

要改變世界，就先改變自己。

——甘地

　　我們已經看到非暴力溝通如何改善我們與朋友、家人、同事以及政治對手之間的關係，但事實上，它最重要的功能或許是改變我們對待自己的方式。我們如果對自己殘忍，就很難真正對他人友善。

記住自己的獨特性

　　在赫伯・嘉納（Herb Gardner）創作的戲劇《一千個小丑》（*A Thousand Clowns*）中，主角拒絕將十二歲的外甥交給兒童福利機構。他宣稱：「我希望他能確實認識自己的與眾不同，以免他逐漸失去自己的獨特性而不自覺。我希望他保持清醒……希望他能天馬行空，看見各式各樣的可能性。我希望他知道當他有機會時，就應該努力推這個世界一把。我希望他明白他之所以生而為人，沒有變成一把椅子，是因為某個重要且無法言說的原因。」

　　許多人已經無法體認到自己的「獨特性」，這是我很擔心的事。我們已經忘記劇中那個舅舅熱切希望他的外甥能夠體會的

> 非暴力溝通最重要的用途，可能是增進我們對自己的善意。

那個「重要且無法言說的原因」。當我們一味批評自己，看不見自身的美好，就和我們的生命源頭失去連結，和那神聖的能量失去連結。在社會制約的影響下，我們把自己當成有諸多瑕疵的物品，難怪有這麼多人會以充滿暴力的方式來對待自己。

要以善意對待自己，而非以暴力相向，就必須留心我們在每個當下對自己所做的評論。既然希望所做的每件事都能對自己的生命有益，因此我們一定要知道該用什麼方式來評論各種事件和狀況，才能讓自己有所成長，並做出有益自身的抉擇。然而，很不幸的，我們學到的方式，往往只會更加憎恨自己。

面對自身的不完美

在非暴力溝通工作坊中，我都會請學員回想他們最近做了什麼不該做的事，再看看他們在發現自己「犯了錯」之後，對自己說了什麼。結果最有代表性的答案是：「真是太蠢了！」、「你怎麼會做這種傻事？」、「你是哪裡有毛病呀？」、「你總是把事情搞砸！」、「你好自私！」。

用這些話來批評自己的人，顯然都認定自己做了「錯事」或「壞事」，活該要受到譴責。但這樣的方式只會讓我們憎恨自己，卻無法從錯誤中學習，看清自己的局限並有所成長。世上有如此多人掉入這樣的陷阱，真的是很悲哀的一件事。

即使我們有時能從錯誤中「得到教訓」，做出改變，但在我看來，這樣的改變並非出自一股正向的能量。我希望人們之所以改變，是因為他們想為自己和他人創造更美好的生活，而非

> 用非暴力溝通的方法來評論自己，
> 可以讓我們有所成長，而不致憎恨自己。

因為羞愧或罪惡感等負面情緒。

如果自我評論的方式讓自己感到羞恥，並因而做出改變，則促使我們學習和成長的力量便是「自我憎恨」。羞恥感乃是自我憎恨的一種形式。因為自覺羞愧而採取某些行動時，這樣的行動並非出自自由意志，也不令人歡喜。即便其目的是要對他人更加仁慈、體貼，但對方如果意識到這些舉動是出自羞恥心與罪惡感，就比較不可能會欣賞我們所做的事情。相反的，如果我們做這些事的動機，純粹只是想讓彼此的生活更加美好，他們的感受就會有所不同。

在我們的語言中，有一個字眼很能激發羞愧感與罪惡感，而且經常被我們用來評論自己。它充滿暴力意味，而且已經根深柢固地烙印在意識中，以致許多人難以想像如果沒有它要如何生活。這個字眼便是「應該」，例如：「我早應該知道的」或「我不應該那麼做的」。當我們用這個字眼來談論自己，大半是在抗拒學習，因為「應該」暗示別無選擇。通常，人在面對別人的要求（無論是任何一種）時，都會本能地抗拒，因為它威脅到我們的自主性——我們想要自己做選擇的強烈需要。因此，我們會反抗專制的統治。然而，「應該」這個字眼所代表的正是內心受到的專制束縛。

還有一種類似的自我要求，就是告訴自己：「我這樣做真是太糟糕了！我真的必須設法改進才行！」想想看，你聽過多少人說：「我真的應該戒煙。」或「我真的應該多運動。」他們雖然不停地說他們「必須」做這個、「必須」做那個，卻一直沒有

避免告訴自己「應該」怎麼做！

行動。其原因就在於：人天生就不想當奴隸，不願意遵照他人或自我的要求，去做自己「應該」或「必須」做的事。就算最終對這些要求屈服或讓步，我們的行動也是出自一股毫無生氣與喜悅的能量。

轉化自我批評與自我要求

我們如果經常以判斷、譴責與要求的口氣和自己溝通，自然會覺得自己彷彿是一張椅子，而不是一個人。而非暴力溝通的基本理念是：當暗指某人做錯事或幹了壞事，我們真正的意思其實是：對方的所作所為並不符合我們的需要。如果我們所批判的人正好是自己，我們的意思其實是：「我的所作所為並不符合自己的需要。」我相信如果能夠學會從這樣的角度（我們的行為是否能滿足自己的需要）來評論自己，就更有可能從中學習。

因此，當我們做了一件對生命無益的事情時，我們的挑戰是評論自己的方式要：一、能讓自己朝著想要的方向前進；二、對自己懷抱敬意與慈悲，不要自我憎恨或心懷愧疚。

非暴力溝通的哀悼

大多數人在經過長期的學校教育與社會制約後，可能已經很難時時刻刻從「自己需要什麼、在意什麼」的角度來思考事情。然而，既然已經學會如何看待別人對我們的判斷，當然也可以學習辨識我們對自己的判斷，並立即把注意力放在這些批

> 自我批判就像所有的批判一樣，
> 是以可悲的方式表達自己未獲滿足的需要。

判背後所隱藏的需要上。

　　舉個例子，如果意識到自己正為了某件事情譴責自己（「你看，你又把事情搞砸了！」），可以立刻停下來，問自己：「我這樣批判自己，是因為什麼需要沒有被滿足？」當我們和那個需要（可能會有不同層次的需要）連結時，將會發現自己的心情有了明顯的變化。這時，我們因自我批判而產生的羞愧、歉疚或沮喪等情緒都消失了，取而代之的是另外一種感受。無論它是悲哀、挫折、失望、害怕、傷心或其他感受，都是上天賦予我們的感受，其目的是讓我們有動力去追求並圓滿自己的需要或價值觀。然而，如果一味地責備自己，並因此而感到歉疚、羞愧或沮喪，就會和自我失去連結。這兩種方式對我們身心的影響可說是大不相同。

　　在非暴力溝通中，所謂的「哀悼」（mourning）就是和未被滿足的需要以及自認犯錯的感受充分連結。此時，我們會感到遺憾、惋惜，但也會因此而從錯誤中學習，不會責備自己或痛恨自己。我們體認到自己的行為違背了自身的需要與價值觀，並接納隨之而來的感受。當我們把注意力放在自己的需要上，自然就會努力創造出一些可能性，讓那個需要得以滿足。相反的，如果我們批判自己、譴責自己，往往就看不到這些可能性，因而一直處於自我懲罰的狀態。

自我寬恕

　　「哀悼」後，要試著寬恕自己。想一想自己為何要做那些事

非暴力溝通的哀悼：想一想我們在懊悔自己所做的某件事時，有什麼感受？有什麼需要沒有被滿足？

情，問自己：「我之所以這麼做，是想要滿足自己的哪一個需要呢？」我相信人類的所作所為都是為了要滿足自己的需要或捍衛自己的價值觀，不論所採取的舉動，最後令我們歡樂或懊悔。

以同理心傾聽自己的內心，就能夠聽見內心深處的需要。一旦能和自己的需要連結，就能夠原諒自己，並體認到：儘管選擇的做法無法真的滿足需要，但我們的目的只是想要讓自己的生命更加美好。

要善意地對待自己，必須能夠同時同理兩個自己——一個是因為做了某件事而感到後悔的自己，另一個則是當初做了那件事的自己。透過自我哀悼和自我寬恕，不再譴責自己，進而從錯誤中學習、成長。如果能在每一個當下和自己的需要連結，就能增進我們的創造力，做出符合自身需要的行動。

我從圓點西裝學到的功課

我想舉一個親身的經驗來說明「自我哀悼」和「自我寬恕」的過程。有一回，我穿著一套新買的淺灰色夏日西裝去主持一個很重要的工作坊。當天前來參加的學員很多。課程結束後，他們都圍著我索取簽名，詢問我的地址和其他資料。當時，我因為趕著要去赴另外一個約會，便急忙在他們遞過來的一張又一張的紙上簽名和書寫。結束後，我一邊快步走出大門，一邊把尚未套好蓋子的筆塞進新西裝的口袋裡。走到外面後，我赫然發現那套帥氣的淺灰色西裝上已經出現了一個圓點。

之後有二十分鐘的時間，我不斷罵自己：「你怎麼可以這麼

> 非暴力溝通的自我寬恕：想一想我們在做那件令自己後悔的事情時，是企圖滿足什麼需要。

不小心呢？看看你幹了什麼蠢事！」我把一套簇新的西裝給毀了！這可能是我最需要同情和諒解的時刻，但我卻不斷譴責自己，讓自己愈發難受。

　　幸好，過了二十分鐘，我開始察覺到自己在做什麼。於是，便立刻停下來，開始思索自己沒有把筆蓋套起來的行為，讓我的哪一個需要沒有得到滿足，並問自己：「我指責自己『粗心』、『愚蠢』，是出於什麼樣的需要呢？」

　　這時，我立刻意識到那個需要是：好好照顧自己。也就是說，我在忙著滿足所有人的需要時，也需要更注意自己的需要。當我觸及這個部分的自我，並且和內心深處的渴望（更了解並照顧自己的需要）連結，我的感受就有了變化。我內心的憤怒、羞愧和罪惡感逐漸消散，身體也不再那麼緊繃了。我一邊惋惜那套被毀掉的西裝，後悔自己沒有把筆蓋套上，但同時也因為渴望好好照顧自己而感到悲傷。

　　接著，我開始思索我把那支沒套上筆蓋的筆塞進西裝口袋的動作滿足了什麼需要。這時，我發現：照顧別人並顧及別人的需要，對我來說是多麼重要的事。儘管我因為努力滿足他人的需要，而沒有花時間好好照顧自己，但事實上，我之所以匆匆忙忙地把筆塞進西裝口袋，也是為了要滿足自己照顧他人的需要。想到這裡，我就不再自責，反而對自己油然生出了一股疼惜之情。

　　在這個過程中，我看清了自己的兩個需要：一方面，我需要照顧別人，另一方面，我需要體認到自己的需要並且好好地

> 當我們能夠擁抱全部的自我，並了解自己每一部分的需要與價值時，就對自己展現了善意。

照顧自己。既然意識到自己有這兩個需要，就可以思考以後遇到類似的情況時該如何處理，並想出解決辦法。如果只是一味自責，卻沒有意識到自己的需要，可能就無法有效地解決問題了。

不要做沒有樂趣的事情

要疼惜自我，除了要做到「哀悼」和「自我寬恕」之外，還有一點也很重要，那就是：覺察自己每個舉動背後的能量。當我建議大家「不要做沒有樂趣的事情」時，有些人認為我太過激進，甚至有些瘋狂。然而，我真的相信，如果要「疼惜自己、善待自己」，那麼我們在決定是否要做一件事情時，只要考量一個因素：這件事是不是我們想做的？它是否能讓我們的生命更加美好？千萬不要因為恐懼、歉疚、羞恥、責任、義務等因素而做。當我們意識到自己的舉動能夠增益生命，當我們做事的動機純粹只是為了讓自己和他人的生命變得更加美好，即使工作本身很辛苦，我們也會樂在其中。同樣的，如果做一件事情是基於責任、義務或恐懼、歉疚、羞愧的心理，那麼即使這件事很好玩，做起來也會毫無樂趣。最後的結果就是我們根本不想去做它。

在第二章，我們曾談到：以「承認自己有選擇」的語言來取代「暗示自己沒有選擇」的語言。許多年前，我開始做一個練習。它讓我的生活增添了許多樂趣，使我不再那麼容易有沮喪、歉疚與羞愧的感覺。在此我要將它提供給各位，希望能幫

> 我們採取行動的理由應該是為了要豐富生命，而非出自恐懼、內疚、羞恥或義務。

助大家更疼惜自己、善待自己，並且認清：我們無論做任何事情，都是出自需要，因為我們想讓生命更加美好。希望這樣的認知，能夠有助大家歡歡喜喜地過著充滿樂趣的生活。

把「不得不」化為「我選擇」

第一步

　　在生命中，你做了哪些你覺得無趣的事情？請把所有你認為自己不得不做的事寫在一張紙上。凡是你不想做，但又因為覺得別無選擇，所以只好去做的事，都把它列出來。

　　我第一次看到自己列出來的那份清單時，發現上面的事情可真不少，這才恍然大悟我為何經常覺得自己的生活沒有什麼樂趣。我發現自己每天都做了許多我認為非做不可的事。

　　在這份清單上，我列出的第一件事是「撰寫臨床報告」。我很不喜歡撰寫這類報告，但卻每天至少花一個小時在上面，讓我苦不堪言。第二件事則是「開車送孩子們上學」。

第二步

　　在列出清單後，請明確地告訴自己：你之所以做這些事情，是因為你選擇如此做，而非因為你不得不做。然後在你所列出的每一件事之前加上「**我選擇要……**」這幾個字。

　　我記得當時非常抗拒這個步驟。我心想：「撰寫臨床報告可不是我選擇要做的事，而是我不得不做的事。我是一個臨床心理醫生，當然非撰寫這類報告不可。」

第三步

　　當你確認之所以做某件事是出自你的選擇後，請試著想一

想你是為了達成什麼目的才決定這麼做，然後完成以下這個句子：「我選擇要……因為我想要……」

最初我實在想不出撰寫臨床報告是想要達成什麼目的。早在好幾個月前，我就認定這類報告對我的病人並沒有太大助益，不值得花那麼多時間去寫，因此我為什麼還花那麼多的心力撰寫呢？最後，我發現我之所以選擇要撰寫那類報告，純粹只是因為想要那份收入。一旦意識到這一點，我就再也不曾寫過一份臨床報告了。直到現在，只要想起過去這三十五年來，我少寫了多少份臨床報告，就開心的不得了。當意識到我唯一的動機是要賺錢時，立刻就想到可以用別的方法來增加收入。事實上，我寧可在垃圾桶裡找東西吃，也不想再寫一份臨床報告。

我在清單上列出的第二件事是：開車送孩子們上學。這件事對我來說並沒有什麼樂趣，但是當我仔細思索自己為什麼要這麼做時，突然發現那是對我的孩子有好處的，因為這使他們得以就讀當時所上的那所小學。我們住的社區裡雖然也有一所小學，而且只要走路就可抵達，但他們當時就讀的那所學校更符合我的教育理念。所以，後來，我還是繼續開車送那些參加共乘的小孩上學，不過心態已經有了轉變。我不再暗自嘀咕著：「討厭，今天又輪到我開車了。」因為我知道自己為何要這麼做：我要讓我的孩子受到良好的教育，因為我很重視教育的品質。當然，有時候，我在開車的時候還是必須提醒自己兩、三次，才能重新想到這樣做的目的。

在做每一個選擇時，都要思考你想透過這個選擇滿足什麼需要。

練習覺察行為背後的動機

當你在思考「我選擇⋯⋯因為我想要⋯⋯」這樣的陳述時，可能會發現自己是基於一些重要的理念才會做出那樣的決定，就像我問自己為何要開車送孩子們上學一樣。我相信只要我們很清楚自己所做的事情能夠滿足哪些需要，那麼即使工作本身很辛苦，或者充滿了挑戰與挫折，我們仍然能夠樂在其中。

不過，有時候你可能會發現你之所以做某件事，是出自以下某一個（或幾個）動機：

一、賺錢

金錢是社會中最主要的一種外部獎勵。但如果我們只是為了獲取報酬而去做某件事，將會付出慘痛的代價，那就是：失去生命的樂趣。這是因為：我們唯有在為了滿足人的需要而做事時，才有樂趣可言。但金錢並不是非暴力溝通所指的「需要」，而是可以用來滿足某個需要的無數策略之一。

二、獲得他人的認可

他人的認可就像金錢一樣，也是一種外部獎勵的形式。在文化的薰陶下，我們都很渴望得到獎勵。學校會以外在的獎賞鼓勵我們念書；在家裡，我們如果當個乖小孩，就會得到獎勵；如果不乖，就會受到處罰。因此，長大以後，我們很容易誤以為這一輩子做事的目的，就是為了要得到獎賞。我們總是渴望別人對我們微笑、拍拍我們的背，說我們是「好人」、「好父母」、「好公民」、「好員工」、「好朋友」等等。我們會去做討人喜歡的事情，並且避免做那些可能會讓別人討厭我們，甚至懲

罰我們的事情。

於是，我們一直努力地討愛，認為必須犧牲自己、服務他人才能贏得他人的歡心。這真是一件很悲哀的事。事實上，我們會發現：當我們做事的目的只是為了要讓生命更加美好，別人自然會欣賞我們。不過，他人的賞識也只是我們所得到的一種回饋，證實我們的努力已經達到了預期的效果。當我們體認到已經靠自身的力量成功地提升自己的生命時，自然能夠肯定自我的價值，並感受到真正的喜悅。這是他人的肯定所無法給予的。

三、避免受罰

有些人之所以會繳納所得稅，主要是為了避免受到懲罰。因此，每年到了納稅季節，他們很可能或多或少心裡都有著怨氣。但我卻記得小時候父親和爺爺對於繳稅這件事卻有著完全不同的態度。他們是從俄羅斯遷來美國的移民。在歷經沙皇的統治後，很渴望能夠支持一個在他們心目中有能力保護人民的政府，而且認為他們所繳的稅金可以使許多人受益，因此，他們是懷著熱切而愉悅的心情把支票寄給美國政府。

四、避免羞愧感

有時候，我們做事的原因是為了避免讓自己感到羞愧。我們知道如果不做，終將會嚴厲批判自己，說自己很差勁，或者腦筋不中用。然而，如果我只是為了不想讓自己有羞愧感而去

> 覺察自己為了追求財富、他人的認可或基於恐懼、羞恥或罪惡感而做出了哪些事情。認識自己為此付出了什麼樣的代價。

做某件事，最後我們通常就會很不想去做它。

五、避免罪惡感

　　有時，我們可能會認為：「如果不這麼做，別人可能會對我感到失望。」我們擔心如果無法符合他人對我們的期待，就會產生罪惡感。但「為了避免罪惡感而去為別人做某件事」和「為了想讓別人開心而為他們做那件事」兩者之間有很大的不同。前者會讓你難受，後者則會給你許多樂趣。

六、基於責任感

　　當我們以「**應該**」、「**不得不**」、「**應當**」、「**必須**」、「**不能**」、「**理應**」等字眼暗指別無選擇時，就顯示做事的動機是出自本身的罪惡感、責任感或義務，也顯示我們並沒有和自己的需要連結。在我看來，這是對人際關係最為不利，也是最傷害自己的一種心態。

　　在第二章中，我們看到了在「官僚語言」（Amtssprache）這概念影響下，阿道夫・艾希曼等納粹人士，居然可以無動於衷地將數以萬計的人送入死亡集中營，並認為自己無須為此負責。當我在言語之間否認自己可以做選擇時，就像是沒有生命的機器人，和自己的內在失去了連結。

　　在檢視了列出的清單後，你或許會決定從此不再繼續做某些事情，就像我決定不再撰寫臨床報告一般。這種做法聽起來或許很激進，但確實是可行的。我相信我們在做事時，若能

　　因為「不得不」而去做某件事，或許是世上最危險的行為。

時時刻刻以充實生命為念，並享受其中的樂趣，就是在疼惜自己、善待自己。

總結

　　非暴力溝通最重要的功能或許是讓我們能夠善待自己。在犯錯時，為免流於道德性的自我判斷，我們可以運用非暴力溝通的「哀悼」和「自我寬恕」來看清自己還有哪些成長的空間。如果我們在評論自己的行為時，可以著眼於「我們有哪些需要未被滿足」，自然會有改變的動力，而且這股動力並非源自羞愧、歉疚、氣憤或沮喪等情緒，而是因為我們真心想要增進自己和他人的福祉。

　　要學習疼惜自己、善待自己，除了「哀悼」和「自我寬恕」外，還有一個方式就是：只做那些能夠滿足自己的需要、符合自己價值觀的事情，不要為了責任感、外在的酬賞，或者為了避免罪惡感、歉疚感或受到懲處而去做任何事情。如果我們在做那些無趣的事情時，能夠把自己的心態從「我不得不做」調整成「我選擇要做」，我們將會在生活中找到更多的樂趣，並且做一個更完整的人。

第十章

充分表達怒氣

本章的主題可以讓我們對非暴力溝通有更進一步的認識。由於在討論「如何表達怒氣」這個主題時，必須釐清非暴力溝通的許多面向，由此便可清楚看出非暴力溝通和其他溝通方式的不同。

在我看來，無論用毆打、責備或傷害他人（無論是身體上或心靈上的傷害）的方式來宣洩自己的怒氣，都是很表面的方式。如果我們真的很生氣，就會想用更有效的方式，來充分表達自己的怒氣。

我輔導過的許多團體聽到這樣的論點都鬆了一口氣。這些團體因為曾經受到壓迫與歧視，都很希望自己更有能力改變現狀，但卻經常有人呼籲他們要抑制自己的怒氣，冷靜接受現狀。因此，當他們聽到「**非暴力溝通**」或「**善意的溝通**」這樣的字眼時，都會感到不安，擔心他們的怒氣會被視為負面的情緒，需要被洗滌和淨化。但事實上，非暴力溝通並不鼓勵我們忽視、壓抑或嚥下自己的怒氣，而是要我們充分而真摯地表達內心的怒氣。

區分「刺激」與「原因」

根據非暴力溝通的原則，要充分表達自己的怒氣，第一步

> 傷害別人是很膚淺的行為。

就是要認清：我們之所以生氣和他人並不相干，不要有類似「他（她或他們）這樣做，讓我很生氣」的想法。這是因為：如果有這種想法，就會開始責怪或懲罰對方，但這種表達怒氣的方式並未深入核心。在前文中，我們曾經提過：別人的行為或許刺激了我們的感受，但絕非讓我們產生那種感受的原因。我們之所以生氣，絕非因為別人做了什麼。我們可以把別人的行為當成一個刺激，但必須清楚地區分「刺激」與「原因」兩者間的不同。

我想舉個例子來說明這一點。有段時間，我曾經在一座瑞典監獄擔任輔導員，負責教導那些因暴力犯罪入獄的囚犯如何充分表達自己的怒氣，以免他們做出殺害、毆打或強姦他人的行為。有次，我讓學員們做一個練習，請他們分辨他們之所以生氣是受到了什麼樣的「刺激」。結果，有一名囚犯寫道：「三個禮拜前，我向獄方提出了一個請求，但他們到現在還沒有做出回應。」他很清楚地說明他受到的「刺激」，也就是「別人所做的某一件事」。

接著，我又請他說明生氣的「原因」：「這件事情發生時，使你生氣的原因是**什麼**呢？」

「我剛才已經告訴你啦！」他大聲說道：「我之所以生氣，是因為他們沒有回應我的請求！」他認為「刺激」就等同「原因」，因此誤以為讓他生氣的是獄方人員的行為。我們很容易有這樣的想法，因為我們的文化慣常以罪惡感作為控制別人的手

> 我們之所以生氣，絕非因為別人說了什麼或做了什麼。
> 把「刺激」與「原因」混為一談，就可以讓別人產生罪惡感，
> 並因而照著你的意思去做。

段，因此務必要讓人們以為他們能讓別人產生某種感受。

當我們想讓別人產生罪惡感，藉此操控他們或強迫他們做某些事情時，將「刺激」與「原因」混為一談，是有很效的做法。正如前文提到的，當小孩子聽到：「如果你成績太差，爸爸媽媽會很傷心。」他們就會以為父母的痛苦是由他們的行為造成。許多伴侶也會互相製造罪惡感，例如：「我生日的時候你不在，讓我好失望。」此外，我們所使用的語言，也讓我們更容易採取這樣的策略。

我們經常說：「你讓我很生氣。」、「你那樣的做法傷害了我。」、「你做了那件事，讓我很傷心。」這類說法讓我們誤以為自己的感受是由他人的行為造成。要學習如何充分表達自己的怒氣，第一步就是要認清別人的行為絕非我們產生某種感受的原因。

那麼，讓我們生氣的原因是什麼？在第五章中，我們曾經談過：在面對不喜歡的訊息或行為時，我們可以選擇以四種方式回應。當我們選擇了第二種方式時，就會生氣，並開始找碴，把自己當成上帝一般，判斷或指責別人的錯誤，說他們應該受到懲罰。我認為這就是我們生氣的原因。也就是說：我們之所以生氣，是由自己的想法所造成，只是我們並沒有意識到這點。

第五章中所提到的第三種做法是：覺察自己的感受與需要。也就是：不用腦袋去分析別人的是非對錯，而是和自己的內在生命連結。當我們聚焦於自己每個當下的需要時，就可以

> 我們之所以生氣，是因為自己存著責備、批判他人的想法。

清楚感知這股生命能量。

舉例來說，假設我們和某個人約好時間見面，結果她卻遲到了。這時如果需要感受到她在意我們，可能就會有受傷的感覺。如果想要有效地運用時間，可能就會感到挫折。但如果此刻我們正好希望自己能有三十分鐘的時間一個人靜一靜，可能反而會慶幸對方遲到。因此，令我們產生某種感受的並不是他人的行為，而是自身的需要。意識到自己的需要（無論這個需要是「感受到別人在意我們」、「有效地運用時間」或「一個人靜一靜」），就能感受到自己的生命能量。此時，我們或許會有一些強烈的感受，但絕不會生氣。我們之所以會生氣，是因為有了悖離生命的想法，沒有和自己的需要連結。當我們生氣，就顯示我們開始用頭腦分析他人、判斷他人，而沒有注意自己有哪些需要沒有得到滿足。

除了選擇第三種方式（注意自己的需要和感受）之外，也可以選擇第四種方式：試著覺察對方的感受與需要。這時，我們心中也不會有怒氣，但那並不是因為我們把怒氣壓抑下來，而是因為：每當我們全心全意體察他人的感受與需要時，心中自然不會生出怒氣。

憤怒的核心

有人問我：「難道我們在任何情況下都不能生氣嗎？比方說，假如有人隨意汙染環境，難道我們不該發出『正義的怒吼』嗎？」我的回答是：我堅決相信如果我把人的行為貼上「粗心

當我們批判他人時，便助長了暴力。
我們可以把自己的怒氣當成一記警鐘。

大意」或「認真盡責」標籤，或者把別人貼上「貪婪」或「品德高尚」的標籤，就是在助長暴力。如果我們想讓生命更加美好，與其評定那些殺害、強暴他人或汙染環境者是什麼樣的人，不如把注意力放在自己的需要上。

在我看來，我們之所以生氣，是因為有了悖離生命並且容易引發暴力的想法。所有的怒氣背後，其實都有一個沒有被滿足的需要。因此，怒氣自有其價值。我們可以把它當成一個鬧鐘，把我們叫醒，讓我們意識到自己有一個需要沒有被滿足，而且使我們生氣的那種想法，並不可能使這個需要得到滿足。如果我們想充分表達自己的怒氣，就必須充分體察自己的需要。除此之外，為了使那個需要得到滿足，我們需要有能量才行，但生氣時卻會把能量用來處罰別人，而非滿足自己的需要。因此，我建議大家與其「發出正義的怒吼」，不如以同理心與自己或他人的需要連結。要做到這一點，可能需要經常練習，刻意地以「我很生氣，**因為我需要……**」來取代「因為他們……所以我很生氣」這樣的說法。

我在威斯康辛州一所兒童矯正學校輔導孩童時，學到一個寶貴的功課。當時，我的鼻子連續兩天都被打到。第一次是因為有兩個學生打架，我在居間勸架時，鼻子被其中一人的手肘狠狠地撞了一下。當時我非常憤怒，差點要還手（如果是當年在我的老家底特律的街頭，我就算鼻子沒被打到，也老早就發飆了）。但第二天，類似事件發生時，我的鼻子雖然因為二度被打到，痛得更厲害，但心中卻沒有絲毫怒氣。

> 怒氣會使我們把自己的能量用來懲罰他人。

當天晚上我細細反芻這個經驗時，意識到那是因為第一天打到我的那個孩子，在我心目中是一個「被寵壞的小鬼頭」。他的手肘尚未碰到我的鼻子之前，這個形象已深植在我的腦海。因此當他的手實際撞到我的鼻子時，我的想法並非單純的「我的鼻子被撞到了」，而是「這討厭的小鬼怎麼可以這樣！」相較之下，第二天打到我的那個小孩，在我的眼中則是一個「可憐的孩子」，我時常替他擔心，因此儘管鼻子被他打到時，感覺遠比前一天更痛，血也流得更多，但我心中卻沒有絲毫的怒氣。這件事對我而言真是一個無比寶貴的功課。它讓我認清：我的憤怒與他人的行為無關，而是源自我對他們的看法，以及對他們行為的解讀。

「刺激」vs.「原因」：實際的影響

　　「原因」和「刺激」並不相同。兩者無論在理論、實際的影響和策略的運用上都不相同。我將以我和前文提到的瑞典囚犯（他名叫約翰）之間的對話為例，加以說明：

約翰：三個禮拜前，我向獄方提出了一個請求，但他們到
　　　現在都還沒有給我回應。

盧森堡：這件事情的發生，使你生氣的原因是**什麼**？

約翰：我剛剛不是告訴你了嗎？他們一直都沒有回應我的
　　　請求！

盧森堡：等一下！請不要說：「我生氣是因為**他們**⋯⋯」
　　　　請先想一想你對自己說了什麼話，才會讓你這麼
　　　　生氣。

約翰：我沒有對自己說什麼呀！

盧森堡：等一下，慢慢來，你要聆聽自己內心的聲音。

約翰：（默默地想了一會兒之後）我告訴自己：他們根本不尊重別人，是一群冷血的官僚，一點兒人味也沒有，只在乎自己，根本不關心別人！他們真是一群……

盧森堡：謝謝，這樣就可以了。現在你知道你為什麼會生氣了嗎？是因為你的想法。

約翰：可是那樣想有什麼不對？

盧森堡：我不是說那樣想有什麼不對。請注意：我如果說你那樣想是不對的，那我對**你**的態度，就像你對獄方的態度一樣。我的意思不是說你批評他們、稱呼他們為「冷血的官僚」，或者說他們很自私、不替別人著想等等有什麼**不對**。但是，讓你生氣的正是這樣的想法。現在，請你把注意力放在你的需要上。在那樣的情況下，你有什麼需要？

約翰：（沉默了好一會兒）馬歇爾，我希望他們能讓我接受我想要的那種訓練。否則，我出獄之後遲早還是會回到這裡來的。

盧森堡：現在你既然已經注意到自己的需要了，那你有什麼感受呢？

約翰：我很害怕。

盧森堡：現在，假裝你是一個獄政官員，而我是一個犯人。如果我去找你，並且告訴你：「我真的很需要接受那種訓練。我很擔心如果我沒有受到那種訓練的話，將來不知道會怎樣。」我是不是比較有可能讓我的需要得到滿足呢？反過來說，如果

我去找你的時候，心裡認定你就是一個冷血的官僚，情況又會如何呢？就算我沒有把「你是個冷血的官僚」這句話說出來，但我的眼神還是會透露出那個意思。你覺得哪一種方式，比較可能會讓我的需要得到滿足呢？

約翰：（盯著地板，默不作聲。）

盧森堡：嘿，兄弟，你怎麼啦？

約翰：我講不出話來。

　　三個小時後，約翰來找我，對我說：「馬歇爾，我真希望兩年前我就能明白你今天上午教我的那個道理。這樣我就不至於把我最好的朋友給殺了。」

　　暴力之所以產生，都是因為人們就像這個年輕小伙子一樣，相信他們的痛苦是由他人造成的，因此必須給那些人一些教訓。

　　有一次，我看到小兒子從他姊姊的房間裡拿了一個五毛錢的銅板。我問他：「布萊特，你有沒有經過你姊姊的同意？」結果他回答：「我不是從她那裡拿的。」這時，我面臨了之前我提過的那四個選擇。我可以罵他，說他騙我。但這種做法並不能滿足我的需要，因為批評別人只會使彼此的需要更難以得到滿足。關鍵在於：當下我究竟把注意力放在哪裡。如果我認

當我們覺察到自己的需要時，怒氣將會消解，並生出有助於豐富生命的感受。

之所以使用暴力，是因為我們相信他人造成了我們的痛苦，應該受到懲罰。

定他說謊，我會有某種反應；如果我認為他不說實話就代表他不尊重我，我又會有另外一種反應。但如果我能同理他當下的心情，或者赤裸裸表達自己的感受和需要，我的需要得到滿足的可能性，就會大幅增加。

於是我決定要同理他（事實證明，這個決定是對的），但我採取的方式並非透過言語，而是經由行動。我並未指責他說謊，而是試著體會他的感受：他很害怕，而且不想受到處罰。這樣的做法讓我有機會和他建立情感上的連結，並且透過這樣的連結使我們兩人的需要都得以滿足。然而，如果我心裡認定他是在騙我，就算我沒有說出來，他或許也能察覺，並因而更不敢說實話。因此，我如果認定他說謊，反而會使他真的不得不說謊。試想：人們如果知道自己說了實話之後就會受到指責和處罰，他們還會想要說實話嗎？

當我們滿腦子都是判斷和分析的想法，認為別人不好、太貪心、不負責任、說謊、作弊、汙染環境、要錢不要命，或做了不該做的事情等等，他們就不太可能對我們的需要有興趣。舉例來說，如果我們想要提倡環保，卻跑去和一家公司的主管說：「你們真是地球的劊子手。你們無權這樣糟蹋我們的土地。」將會使自己的需要更無法得到滿足。當我們以批評別人的方式來傳達自己的需要時，對方實在不太可能把注意力放在這些需要上。當然，他們有可能因為害怕、歉疚或羞愧等緣

> 聽到令人難受的話語時，我們有四個選擇：
> 1. 責怪自己；2. 責怪他人；3. 覺察自己的感受與需要；4. 覺察他人的感受與需要。
> 批判他人很容易使對方真的成為那副模樣。

故，不得不改變做法來滿足我們的需要。這時，我們就會以為自己能夠藉著批評、指責別人的方式來「取得勝利」。

然而，從更長遠的眼光來看，我們會發現：如果以這種方式來滿足自己的需要，最後不僅會變成輸家，也會助長世上的暴力，因為縱使我們因而得以解決眼前的問題，新的問題也會產生。要知道：人們愈是受到責備和判斷，就會愈想防衛自己、攻擊別人，之後也愈不會在意我們的需要。因此，即便他們照著我們的意思去做，滿足了我們目前的需要，最後我們還是要為此付出代價。

表達怒氣的四個步驟

要充分表達自己的怒氣，有哪幾個具體的步驟呢？首先，靜下來，做幾次深呼吸，不要責怪或懲罰對方，只要保持安靜就可以了。接著，辨識自己的腦海中有哪些想法讓我們感到氣憤。舉個例子，假設我們無意中聽到某人說了一些話，使我們相信她是因為種族的緣故，不願意和我們聊天。當我們意識到自己心中湧出一股怒氣時，如果能靜下來，便會聽到自己的腦海中有一個聲音：「這樣太不公平了！她根本就是個種族主義者！」我們明白，這類判斷都是用來表達自身未被滿足的需要，於是我們便開始採取第三個步驟：與那些想法背後的需要連結。如果我們指責某人是個種族主義者，當下所需要的或許是包容、平等、尊重或與人連結。

> 表達怒氣的步驟：
> 1.安靜下來，深呼吸；2.看看自己有哪些批判性的想法；
> 3.與自己的需要連結；4.表達自己的感受以及未獲滿足的需要。

為了充分表達自我，接下來要採取第四個步驟：開口表達憤怒，只是此時這股怒氣已經被我們轉化為「感受」和「需要」了。當然，要說出心中的感受，可能需要很大的勇氣。對我來說，在生氣時要告訴對方：「你這樣做根本就是種族歧視！」是很容易的一件事，甚至說起來可能還會有某種快感。然而，要說出心中的感受與需要可能就很困難。如果要充分表達自我，我們可以向對方表示：「看到你走進房間，開始和其他人聊天，卻一直沒跟我說話，之後又開始評論有關白人的種種，我感到十分難過，也很害怕。我因此意識到我非常需要受到公平的對待。希望你能告訴我，你聽到這些話有什麼感受。」

先同理他人

不過，在大多數情況下，我們需要先採取一個步驟，才有可能讓對方和我們的內心產生連結。這是因為在這種情況下，他們往往很難接收到我們傳達的感受和需要，因此如果我們希望他們聽見我們的心聲，就要先同理他們。我們愈能同理他們為何會做出那些不符合我們需要的行為，之後他們就愈有可能同理我們。

過去這三十年來，我曾經以非暴力溝通的方式和許許多多有著強烈種族偏見的人交談。有一天清晨，我從機場搭了一輛計程車進城。途中，車上的擴音器傳出了車輛調度員發給司機的訊息：「請前往大街的猶太會堂接費雪曼先生。」坐在我旁

> 愈能聆聽別人，別人就愈會聆聽我們。
> 要時刻覺察自己腦海中浮現的暴力念頭，但不要加以批判。
> 當我們聽見他人的感受與需要時，就會發現我們與他們有著共通性。

邊的那位先生聞言便開始嘀咕：「這些猶太佬那麼早起，還不是為了要把所有人的錢都搾乾。」

有二十秒鐘的時間，我氣得簡直要噴火。如果早幾年，我的第一個反應可能是想揍他一頓。但當時，我只是深深吸了幾口氣，並且開始同理自己心中湧現的委屈、恐懼與憤怒。我一邊覺察這些感受，一邊提醒自己：讓我生氣的並不是那位先生，也不是他所說的話。儘管他的言論確實讓我的情緒澎湃，但我知道我的怒氣和恐懼其實是來自一個更深的地方。因此，我沒有採取任何行動，只是坐在那兒，看著腦海中所浮現的我對他動手的情景。看到自己抓住他的頭猛砸的畫面，我甚至還挺樂的。

在得到了自己需要的同理後，我開始能夠試著覺察他的話語背後的心情，我對他說的第一句話便是：「你是否覺得……？」我試圖體會他的感受，了解他的痛苦，因為我想看到他美好的那一面，也想讓他充分體會我對他那番話的感受。但我知道這個目標要在他心平氣和的情況下才能達成。因此我要和他連結，讓他知道我尊重並理解他之所以會說出那番話的緣由。經驗告訴我，如果我能夠同理他，他之後也將得以反過來同理我。雖然並不容易，但他可以做得到。

「你是否覺得很挫折？」我問他。「聽起來，你過去和猶太人打交道時，可能有過一些很不愉快的經驗。」

他看了我一會兒，接著便說道：「可不是嗎？這些傢伙真可惡。為了賺錢，什麼事情都做得出來。」

「所以你在和他們有金錢往來時沒辦法相信他們，而且覺得有必要自保，對嗎？」

「沒錯！」他大聲說道，之後又繼續撻伐猶太人。我一邊

聽，一邊試著體會他的感受和需要。當我們把心思放在他人的感受和需要上時，就能體會到我們生而為人的共同點：聽他說他害怕，想要自保，我發現自己也有著同樣的需要和心情。在用心體會他的感受和需要時，我發現我們都有著同樣的經歷。儘管他的觀念讓我不敢領教，但我已經明白了一個道理：如果不把注意力放在別人的想法上，我就會更樂於和他們相處，尤其是在面對像他這樣的人士時。我知道：只要專心注意別人的感受，不要太過在意他們的想法，我的人生就會變得快樂得多。

這名男子滔滔不絕地訴說他的悲哀和挫折，罵完了猶太人之後又改罵黑人，說了好些讓他很不舒服的事情。過了將近十分鐘，他終於停了下來，覺得我已經了解他了。

然後，我便開始向他訴說我的感受：

盧森堡：你知道嗎？最初，我聽到你說的那些話，覺得很生氣、很挫折，也非常難過和沮喪，因為我和猶太人往來的經驗和你很不一樣。我希望你能有更多更多像我一樣的經驗。你可以告訴我，你剛才聽到我在說什麼嗎？

男子：喔，我的意思不是說他們都很……

盧森堡：等一下，你可以先告訴我，你剛才聽到我在說什麼嗎？

男子：你在說什麼？

盧森堡：我再說一次好了。我很希望你能了解我聽到你之

> 我們需要他人真正聽見我們的痛苦。
> 當人們自認有錯時，便聽不見我們的痛苦。

前講的那些話，心裡有多麼難受。這對我來說很
重要。我剛才是說：我真的覺得很難過，因為我
和猶太人往來的經驗和你大不相同。我希望你能
有一些很不一樣的經驗。你可以告訴我，你剛才
聽到我說了什麼嗎？

男子：你說我沒有權力那麼說。

盧森堡：不，我不是那個意思。我真的不想怪你，那不是
我要的。

　　說到這裡，我便打算放慢我們對話的節奏，因為根據我
的經驗，人們只要聽到我們的話裡有一絲責怪的意味，就無法
體會我們的痛苦。這位先生如果說：「我那樣說真的很糟糕，
有種族歧視的意味。」就表示他並沒有感受到我的痛苦。這是
因為：我們一旦指責別人，讓他們感覺自己做錯了事，他們就
會忙著自責，無法充分領會我們心中的痛苦。我不希望他以為
我在指責他，我只希望他能明白他說那些話的時候，我心裡有
什麼感受。要責怪別人是很容易的，而且人們已經習慣受到指
責。在面對指責（例如說他們是「種族主義分子」）時，他們
偶爾會自認理虧，因而自責，但這並無法改變他們的行為。有
時，他們則會痛恨我們批評他們，但這同樣無法改變他們的行
為。因此，如果我們意識到對方以為我們在責備他們（就像計
程車裡的這位先生一樣），可能就需要放慢速度，再花點時間聆
聽他們的痛苦。

慢慢來

　　學習在日常生活中運用非暴力溝通時，最重要的一件事

或許是：不要操之過急。在社會的制約下，我們已經養成了一些機械性的行為模式。要擺脫這些行為模式，可能會覺得怪怪的。但如果想活出自己的價值觀，就得慢慢來，不要操之過急。

我的朋友山姆‧威廉斯（Sam Williams）曾經把非暴力溝通的四要素寫在一張3×5的卡片上，當成小抄，在上班時使用。當老闆斥責他，他會停下來看一下手中的卡片，花點時間想一想該如何回應。當我問他：他的同事們看到他經常盯著自己的手心裡看，並且想這麼久才回答，會不會覺得他有點怪怪的。他答道：「其實也沒花太多時間，但就算花上許多時間，我認為還是值得的，因為我要確定我有照著自己真正想要的方式回應別人。」在家裡，他就更不避諱了。他曾經向太太和孩子們解釋為何他要不嫌麻煩地花時間看那張卡片。每當他和家人發生爭執，他總是會把卡片拿出來，好整以暇地回話。等到過了大約一個月，他已經比較熟練，才不再使用那張卡片。後來，有天晚上，他為了看電視的事情和他那個四歲的兒子史考第發生爭執，情緒有些激動。這時，史考第突然急切地說道：「爸，你快點把那張卡片拿出來！」

如果你想在日常生活中──尤其是在生氣的時候──運用非暴力溝通，不妨做以下練習。誠如所知，我們之所以生氣是因為我們對別人抱持著批判的態度，為他們貼標籤、責怪他們，認為他們「應該」做什麼、「活該」如何等等。請你列出你對別人最常做的批評（你可以用「我不喜歡……的人」這樣的句子來幫助自己思考）。想好之後，請你問自己：「當我這樣判

練習解讀每一個批判性想法中所隱含的未獲滿足的需要。

斷某個人的時候，我有什麼需要沒有得到滿足？」這樣你就可以訓練自己在生氣的時候從「我有什麼需要沒有得到滿足」的角度來思考，而不致批評、責怪別人。

練習是很重要的，因為大多數人都生長在充斥著暴力的環境，因此判斷、責怪別人已經成為我們的第二天性。要練習運用非暴力溝通，必須放慢步調，先想清楚再開口。在許多時候，只要深吸一口氣，不說話就可以了。無論是學習非暴力溝通或者運用非暴力溝通，都需要一段時間，並非一蹴可及。

總結

在生氣時，責怪他人、懲罰他人並不能真正表達怒氣。如果想要充分表達內心的怒氣，首先要認清對方並不需要為我們的生氣負責。相反的，我們要觀照自己的感受和需要。相較於判斷、指責或懲罰他人，我們若能把自己的需要表達出來，將更有可能讓這些需要得到滿足。

表達怒氣的四個步驟：一、停下來，深吸一口氣；二、辨識自己的批判性想法；三、與自己的需要連結；四、表達自己的感受和未獲滿足的需要。有時，在第三步與第四步之間，我們可以試著同理對方，以便他（她）在我們表達自我（第四步）時，更能夠傾聽。

學習和運用非暴力溝通都需要花時間，不可操之過急。

不要急，慢慢來。

非暴力溝通應用實例

父子間的對話：一個關乎生命安全的問題

　　十五歲的比爾未經同意就把爸爸好友喬治的車子開了出去，還載著兩個朋友（其中一人是喬治的女兒伊娃）去兜風，之後才把車子開回喬治的車庫裡。車子完好如初，喬治也沒有發現車子不見了。但後來伊娃把這件事告訴她爸爸，於是喬治便將此事告知比爾的父親。以下是比爾父子之間的對話。在此之前，比爾的父親已經練習了一陣子的非暴力溝通。

父：我聽說你和伊娃、戴夫三個人，沒有經過喬治的允許，就把他的車子開了出去。

子：沒有這回事！

父：（大聲地說）不要騙我！這樣只會讓事情變得更糟！

　　然後他想到：為了和兒子保持連結，他要先和自己的感受和需要連結。

父：你坐一下；我得想一想。

　　他檢視自己的內心，意識到自己有多麼生氣和害怕。他生氣是因為他告訴自己：「比爾怎麼會做出這種傻事！」以及「他怎麼變得那麼會說謊！」他害怕是因為他想到比

爾的行為，以及他對兒子的誤判所可能造成的後果。

父：（默默地想）我之前有夠愚蠢，居然以為他是個懂事的孩子！他這樣做可能會鬧出人命呢！（接著他意識到自己不該這麼說）啊，不行！我必須把「愚蠢」、「說謊」這幾個標籤轉化為感受和需要。我猜我之所以會說「愚蠢」，是因為我對自己感到失望：我還以為自己很了解他呢。至於「說謊」，我想是因為我很害怕，希望能夠得到正確的資訊，以便處理這個情況。

父：（想了一會兒才開口）比爾，你是不是擔心你如果說實話會受到處罰？

子：嗯，每次我做了你不喜歡的事情，你都對我很嚴苛。

父：你的意思是希望我能更體諒你、對你更公平一點？

子：有可能嗎？說得跟真的一樣！

父：（心想）天哪，這話真的太氣人了！他難道看不出來我多麼努力在跟他溝通嗎？對我來說，這真的很不容易。我需要受到一點尊重。而且在我這麼害怕的時候，也需要得到一些關懷。

父：（開口對比爾說）聽起來，你似乎擔心，無論你說什麼，都不會受到公平的對待？

子：你會在乎這個嗎？每次發生了事情，你都只想找個人處罰了事。更何況，這件事有什麼大不了呢？就算我們真的把車子開出去了，也沒有人受傷呀，更何況車子也還回去了。我們又沒殺人放火！

父：你是不是害怕如果承認你把車子開了出去，後果會很嚴重。你希望能夠相信你會受到公正的對待？

子：嗯！

父：（沉默了一會兒，讓自己能和兒子建立更深刻的連結）我要怎麼做才能讓你安心呢？

子：你要答應我，以後絕不再處罰我。

父：（他知道採取處罰的方式，並不能讓比爾明白自己的行為可能造成的後果，反而會加深父子之間的隔閡，並且讓兒子對他更加反感，因此他願意答應比爾的請求。）如果你同意和我好好談一談，我會考慮答應你的請求。我的意思是：我們要好好地聊一聊，直到我確定你明白，你把車子開出去這件事可能會造成什麼樣的後果為止。但將來，如果我不確定你知道自己做的事可能會有什麼危險，我還是可能會對你採取強制性的手段，但目的只是為了保護你。

子：哇！這可真是太妙了！我到現在才知道原來我那麼笨，笨到你必須用強制的手段才能防止我做出傷害自己的事！

父：（一時忘了自己的需要，心想）天哪，有時候我真是恨不得宰了這個小……聽到他這麼說，我真是一肚子火！他好像真的不在乎……該死，我現在有什麼需要呢？我已經很努力了，我需要知道他至少有把這件事放在心上。

父：（氣憤地）你知道嗎？比爾，聽到你這麼說，我真的

很生氣。我正努力試著要和你談一談。所以當我聽到你那麼說的時候……好，現在請你聽好，我需要知道你到底想不想跟我談。

子：我無所謂。

父：比爾，我不想像從前那樣，一有什麼事就責怪你、威脅你。我真的想聽聽你怎麼說。可是我剛才聽到你用那種口氣說話時，發現我很難控制自己的脾氣。我希望你能幫我。我的意思是：如果你希望我聽你說話，而不是責備你或威脅你，你就得幫我才行。否則，我只好用過去的方式來處理這件事了。

子：什麼方式？

父：呃，我可能會說：「我要罰你禁足兩年：不准看電視、不准開車、沒有零用錢、不能去約會，什麼都不能做！」

子：呃，那麼我想我還是希望你用新的方式來處理。

父：（幽默地）很高興知道你還有自保意識。現在，我希望你能告訴我，你是否願意和我交心。

子：「交心」是什麼意思？

父：意思就是你告訴我，你對我們所談的這件事的感受，我也告訴你我的感受。（語氣堅定地）你願意嗎？

子：好吧，我會試試看。

父：（鬆了一口氣）謝謝你願意試試看。我有沒有告訴你，伊娃被喬治禁足了三個月，什麼事都不能做？你對這件事有什麼感覺？

子：哎，真糟糕！這太不公平了！

父：我想聽聽你對這件事的感受。

子：我剛才說了——這太不公平了！

父：（意識到比爾和自己的感受沒有連結，於是便決定猜猜看）你是不是很傷心，因為伊娃必須為她所犯的錯誤付出這麼大的代價？

子：不，不是這樣。我的意思是：那其實不是她的錯。

父：喔，那你是不是很難過，因為那件事是你的點子，但她卻必須為此付出代價？

子：呃，是啊，她只是照著我的話去做。

父：聽起來，你看到你的決定對伊娃所造成的影響，似乎有點心疼。

子：有一點。

父：比爾，我真的希望你能明白你的行為是會造成一些後果的。

子：呃，我當時沒有想到這樣做可能會出什麼差錯。嗯，我想這次我確實把事情給搞砸了。

父：不要這麼想。你只是做了一件你沒料到後果有這麼嚴重的事情罷了。我還是希望你能明白這件事可能會造成什麼樣的後果。你願不願意說說看你現在對你當時的行為有什麼感受？

子：我覺得自己很蠢，爸……我並不想傷害任何人。

父：（解讀比爾的自我批評中所隱含的感受和需要）所以你很傷心，也後悔自己做了那件事，因為你希望我們

相信你沒有惡意？

子：嗯，我沒有意思要惹這麼多麻煩。我只是沒有把事情想清楚。

父：你的意思是你希望自己當時能夠三思而後行？

子：（沉思）嗯……

父：聽你這麼說，我就放心了。為了讓喬治原諒你，我希望你能去找他，並且告訴他，你剛才說的那些話。你願意這麼做嗎？

子：天哪！好恐怖唷！他一定會很生氣！

父：嗯，他很可能會生氣。這就是你要面對的後果之一。你願意為自己的行為負責嗎？我喜歡喬治，不希望失去他這個朋友，而且我猜你也想繼續和伊娃做朋友，對嗎？

子：她是我的好朋友。

父：那麼，我們去找他們好嗎？

子：（頗為害怕，不太願意）呃……好吧！去就去！

父：你是不是有點害怕，需要知道你去那裡不會有任何危險？

子：嗯！

父：那我們就一起去吧！我會陪你。很高興你願意這麼做。我以你為榮。

第十一章
化解衝突、調停紛爭

　　既然你已經熟悉了非暴力溝通的各個步驟，現在我想談論如何用它來化解衝突。所謂「衝突」，有可能是你和別人的衝突，也可能是他人（例如：家人、伴侶、同事乃至陌生人）之間的衝突。無論是何種情況，要化解衝突必須運用之前提到的所有原則：觀察、辨識並表達感受、將感受與需要連結，以及用清楚、明確、正向的行動語言，向另一方提出可行的請求。

　　這數十年來，我曾經在世界各地以非暴力溝通化解不愉快的伴侶、家人、勞資雙方和族群之間的衝突。根據我的經驗，幾乎任何一種衝突都可以用非暴力溝通來化解，達到皆大歡喜的結局，但在過程中你要很有耐心，願意和他人連結，依照非暴力溝通的原則來解決問題，並對非暴力溝通的效果具有信心。

人與人之間的連結

　　以非暴力溝通化解衝突時，最重要的事情莫過於讓衝突的雙方建立連結。唯有如此，非暴力溝通的其他幾個步驟才能發揮效用。這是因為雙方唯有在建立了這樣的連結之後，才會想要了解對方的感受和需要。此外，你一開始就要讓雙方明白：

> 最重要的是建立人與人之間的連結。

化解衝突的目的並非要對方讓步或屈服。他們一旦了解這點，就有可能（甚至很容易）展開對話，討論如何滿足各自的需要。

事實上，我們在以非暴力溝通化解衝突、改變現況時，也是在努力實踐一種不同的價值觀。因此，在這個過程中所建立的每一個連結，都必須反映出我們所嚮往的那個世界的面貌。每一個步驟都要能反映出我們試圖建立的那種人際關係的品質。簡而言之，化解衝突時採用的方式，會反映出我們認同的價值觀。如果明白這兩個目標之間的不同，就不會要求別人照著我們的意思去做。相反的，我們會努力創造互相關心、彼此尊重的氛圍，使衝突的雙方在重視自己需要的同時，也意識到他們的需要和對方的福祉是互相依存的。如果能做到這一點，我們將會很訝異地發現，原本看似無解的衝突，居然輕而易舉地就被化解了。

每當我應邀調解衝突時，一定會努力引導雙方建立這種充滿關懷與尊重的關係，而這往往是最困難的部分。一旦達到這個目標，我就會開始協助雙方研擬可以解決衝突的策略，以便讓雙方都能滿意。

請注意：我說的是「**滿意**」，而非「**妥協**」。許多人在試圖調解衝突時，都會希望雙方可以各退一步，彼此妥協。但這意味著大家都得讓步，沒有一方可以完全滿意。但非暴力溝通則不一樣。我們的目標，是讓各方的需要都能充分獲得滿足。

非暴力溝通化解衝突的方式 vs. 傳統的調停手段

讓我們再來看看如何用非暴力溝通來建立人與人之間的連結。但這次要討論的是「第三方的調停」，也就是在雙方發生衝突時，由第三者介入調停的情況。當兩個人或兩個團體之間發

生無法化解的衝突，請我幫忙調停時，我所使用的方式和專業調解人經常採用的手段大不相同。

　　舉個例子，有次我在奧地利和一群專業調解人開會。這些調解人專門協助解決各種國際性的衝突，包括工會與資方之間的紛爭。在會中，我描述自己調停過的幾次衝突，例如：加州地主與民工之間的暴力衝突，也談到之前如何化解兩個非洲部落間的糾紛（這部分我在拙作《這樣說話，你我都是大贏家》中有詳細的討論），以及其他幾次歷史悠久且危險性極高的衝突。

　　會中有人問我會給自己多少時間去研究要調停的衝突情勢。他指的是大多數專業調解人所使用的那種方式：先針對導致衝突的那些問題做一番研究，在調解的過程中，把重點放在**那些問題**──而非建立人際的連結──之上。事實上，在典型的「第三方調停」模式中，衝突的雙方甚至可能不會共聚一堂。有一次，我參與了一次調停。在整個過程中，我們那一方的人馬都待在一個房間裡，而另外一方則待在另一個房間裡，負責調解的那位先生穿梭兩地。他會問我們：「你們希望他們怎麼做？」然後帶著我們的意見回去找另一方，看看他們是否願意照辦。之後，他又會回來和我們商量：「他們不願意那樣做，但如果……你們覺得怎麼樣呢？」

　　許多調解人認為自己所扮演的角色是「第三個頭腦」（third head），也就是：試著想出一個大家都能同意的解決辦法。他們完全沒有把心思花在建立良好的人際連結上，但後者卻是我所知道的唯一能夠有效化解衝突的方式。當我在奧地利的那次會議中描述非暴力溝通的方法，以及人際連結在調解衝突方面所扮演的角色時，一位與會人士並不認同。他說我談的是心理治

療的那一套，但調解人並不是心理治療師。

　　根據我的經驗，建立深度的人際連結並不是一種心理治療，而是調停過程的核心，一旦成功地建立了這樣的連結，問題多半會自動解決。與其扮演「第三個頭腦」的角色，問衝突的雙方：「有什麼方案是大家都能同意的？」不如讓雙方清楚表明他們各自的需要（他們**此刻**希望對方能做什麼）。在雙方都明白對方的需要後，自然就能找出方法來滿足彼此的需要，並共同擬定策略，以便在調停結束後據以實施。

非暴力溝通化解衝突的步驟

　　在詳細討論化解衝突時應該注意的一些要素前，讓我先大致敘述一下我們可以用什麼方法來化解自己和別人之間的衝突。這個方法包括五個步驟。每一方都可以先表達自己的需要，但此處為了省事起見，假設先由我方表達。

- 首先，要表達自己的需要。
- 其次，無論對方說什麼，都要設法找出他們真正的需要。如果他們沒有表達任何需要，而是陳述他們的意見或者判斷、分析我們的問題，我們也要能夠辨識，並繼續找出他們的話語背後所隱藏的需要。
- 第三，我們要確定雙方都確切了解彼此的需要。否則，就要繼續找出他們的話語背後隱含的需要。
- 第四，盡可能同理對方，以便讓雙方都能確切地了解彼此的需要。

當你建立了連結，問題通常就自動解決了。

- 第五，在明白雙方當下的需要後，我們要以正向的行動語言提出化解衝突的策略。

在整個過程中，我們要仔細聆聽彼此的心聲，避免在言語之間暗示對方有錯。

需要、策略及分析

既然在運用非暴力溝通化解衝突的過程中，最重要的一點是讓雙方表達自己的需要，並且了解對方的需要，而這也是本書（尤其是第五章）自始至終一直強調的概念。現在就讓我們來回顧一下這個重要的概念。

基本上，「需要」是我們用來維持自己生命的資源。人人都有物質上的需要（如：空氣、水、食物和休息），也有心理上的需要，如：了解、支持、誠實和意義等。我相信每個人的基本需要都是一樣的，無論其國籍、宗教信仰、性別、收入或教育程度為何。

接下來，讓我們談談人們的「需要」和他們用來滿足這些需要的「策略」有何不同。我們在試圖化解衝突時，一定要能夠清楚分辨「需要」和「策略」的不同。

許多人很難表達自己的需要。這是因為我們在社會的制約下已經很習慣去批評別人、侮辱別人，或者以錯誤的方式與他們溝通，以致彼此間的距離愈來愈遠。在發生衝突時，當事人往往會花過多的時間證明自己是對的，對方是錯的，而不會

避免使用暗示別人有錯的語言。

去注意自己和對方的需要。這類言語衝突很容易惡化為肢體暴力，甚至引發戰爭。

為了避免將「需要」和「策略」混為一談，我們一定要記得：「需要」並不是指某個人所採取的特定行動。相反的，「策略」則是指「某個人可能採取的某個行動」，而且可能以「請求」、「願望」、「希望」和「解決方案」等形式出現。

舉例來說，有次一對幾乎已經準備要離婚的夫婦來找我。我問那位先生：在婚姻中，他有哪些需要沒有得到滿足。他說：「我需要走出這個婚姻。」但他所說的是由某個人（他自己）採取的某個行動（走出婚姻），因此他表達的並不是一個「需要」，而是一個「策略」。

我向那位先生說明這一點，建議他先釐清自己和太太的需要，然後再看看他們要不要採取「走出婚姻」的策略。當他們各自和自己的需要以及對方的需要連結之後，便發現：除了離婚，他們還可以用其他策略來滿足這些需要。那位先生承認他因為工作辛苦、壓力很大，很需要太太的欣賞與了解，而後者則意識到她需要親密感，也希望能和先生有連結，但他的工作卻占去他太多的時間。

當他們真正了解彼此的需要後，就能夠達成一些協議，在顧及先生工作的情況下，滿足雙方的需要。

另一個例子，則是一對夫婦因為不了解何謂「需要」，以為「表達需要」就是「分析對方的問題」，因此導致兩人拳腳相向的下場。那位先生在工作坊結束後來找我，含著眼淚描述他的境況，並問我他們夫婦是否能私下和我談一談。

我同意去他們家和他們碰面。那天晚上，我一進門便開門見山地對他們說道：「我知道你們兩個都很痛苦。現在請你們

各自表達你們在這樁婚姻中沒有被滿足的需要。一旦你們明白了彼此的需要，我相信我們就能夠想出一些策略，來滿足那些需要。」

結果那位先生劈頭便對太太說道：「你的問題在於你對我的需要完全無感。」

他的太太則以同樣的方式回答：「你每次都這麼說！這對我太不公平了！」

他們兩人都沒有表達自己的需要，而是在分析對方的毛病，但這樣的分析很容易讓對方以為你是在批評他（她）。誠如我們先前所言，分析對方的問題、暗示對方有錯，其實只是在表達自己未被滿足的需要，但這種表達方式是很糟糕的。以這對夫婦為例，那位先生需要的是太太的了解和支持，但他表達的方式卻是說太太「無感」。那位太太也希望先生能夠確實了解她，但她表達的方式卻是說先生「不公平」。他們夫妻兩人花了好些時間才明白彼此的需要，但直到他們真正了解並體會了對方的需要，才得以開始尋求策略，化解長久以來的衝突。

有次，我應邀前往一家公司擔任顧問。該公司因為內部發生了嚴重的派系紛爭，員工的士氣與生產力都一落千丈。紛爭的起因是一個部門內的兩派人馬，為了該用哪一個軟體而各持己見、爭執不休。其中一派曾經花很大的心血研發出該公司當時所用的軟體，因此希望能繼續使用下去。另一派人士則堅決主張開發新的軟體。

開始調解後，首先便請雙方告訴我：他們主張使用的那

當我們用頭腦去分析別人時，對方往往會以為我們在批評他們。

個軟體，比較能滿足哪一方面的需要，但他們在回答時，都是做一些理性的分析，而這些分析都被另外一方視為對他們的批評。主張使用新軟體的一位成員表示：「我們當然可以繼續墨守窠臼、原地踏步，但這樣一來，我們以後可能就要失業了。要追求進步，就得冒一些風險，勇敢地突破傳統的做事方式。」反對派的一位成員則回應道：「可是我認為盲目衝動、不分青紅皂白地接受新事物的做法，並不符合我們的最佳利益。」他們都承認這幾個月來雙方一直在進行類似的攻防，但問題還是沒有解決，反而讓彼此的關係更加緊張。

當我們不知道該如何清楚直接地表達自己的需要，只會分析對方的問題，使他們感覺受到批評時，我們就把自己一步步推向了戰爭（語言、心理或肢體上的暴力）的邊緣。

超越語言，體察他人的需要

要以非暴力溝通化解衝突，必須練習聆聽他人表達的需要，無論他們以什麼方式來表達。如果我們真的想幫助他人，就要先學習解讀別人的訊息中表達出的需要。所謂「訊息」可能是沉默、否認、具有批判意味的言辭、一個手勢或一個請求。我們要磨練自己的技巧，以便能聽出每個訊息中隱含的需要，剛開始時甚至可能要用揣測的方式。

舉個例子，如果我和別人交談時，問對方他剛才所說的一句話是什麼意思，他卻說：「你這個問題很蠢耶！」這時，我知道他是以批評我的方式來表達他的一個需要。於是，我就開

學習聆聽他人的需要，無論他們以何種方式來表達那些需要。

始揣測那是什麼樣的需要——或許我所提的問題，無法滿足他想要被了解的需要。再舉一個例子：如果我請伴侶談談我們在關係中所面臨的壓力，而她回答：「我不想談這個。」這時，我可能會猜想她之所以不願意談，是想要保護自己，因為她擔心談了之後會有什麼問題。因此，我們的功課就是要學習在別人並未明言的情況下，找出他們話語中隱含的需要。這需要反覆的練習，而且多少都要靠揣測的工夫。一旦覺察到他人的需要，就可以向其求證，再幫助他們說出自己的需要。如果我們能夠確實聽出別人的需要，就能和他們建立更深刻的連結，而這樣的連結乃是我們得以成功化解衝突的關鍵。

在為夫妻開辦的工作坊中，我經常會選出一對吵得最久的夫妻，請他們當場練習非暴力溝通，藉以證明我的預測：一旦有一方能夠說出另外一方的需要，他們之間的衝突，頂多只要二十分鐘就可以化解。有次，學員中有對夫婦已經為錢的問題吵了三十九年，因為在他們婚後的第六個月，太太曾經兩度透支活期存款帳戶裡的錢，於是先生便開始掌管經濟大權，不許她再開支票了。從此兩人便一直為此事爭執不休。

剛開始時，那位太太質疑我的預測。她說即使他們的婚姻美滿而且溝通良好，但他們已經為這件事吵了很久，不可能那麼快就解決。

於是我問她是否知道在這衝突中，她丈夫的需要是什麼。

她答道：「很明顯的，他就是不希望我花錢。」

她丈夫聞言便大聲說道：「這太可笑了！」

這位太太所說的「她丈夫不希望她花錢」這件事乃是我所謂的「**策略**」。但就算她猜對丈夫所用的策略，她也沒看出他的「**需要**」。這裡我們要再度說明「需要」與「策略」之間的差異。

根據我的定義，「需要」指的並不是一個特定的行動，例如：「花錢」或「不花錢」。我告訴那位太太：所有人都有著共同的需要，只要她能了解丈夫的需要，他們之間的問題就可以解決。當我再次鼓勵她說出丈夫的需要時，她回答：「他和他爸爸一個樣子。」接著就開始訴說他爸爸從前是多麼捨不得花錢。這時，她是在「分析」丈夫的問題。

我打斷她的話，再次問道：「那他有什麼需要呢？」

她答不出來。顯然這三十九年來她和丈夫雖然「溝通良好」，但她還是不明白他的需要。

於是，我轉頭問那位先生：「既然你的太太不清楚你的需要，你為什麼不告訴她呢？你不讓她開支票，是想滿足你的哪些需要？」

他答道：「馬歇爾，她是個好太太、好媽媽，但在金錢這方面，她完全沒有責任感。」這類「診斷」式的語言（「她沒有責任感」）正是許多衝突無法和平解決的原因。當一方覺得自己被另一方批評、診斷或解讀時，往往會急著為自己辯護或者反擊對方，這樣一來反而無法解決衝突。

我試著聽出他所說的「她沒有責任感」這句話背後所隱藏的感受和需要：「你是不是**很害怕**，因為你需要讓家中的經濟無虞？」他表示確實如此。所以，我猜對了。但就算我第一次猜錯了也沒有關係，因為我還是把焦點放在他的需要上，而這才是問題的核心。事實上，當我們揣測他人的需要時，即使猜得不對，還是可以幫助他們覺察自己真正的需要，使他們停止

批評和診斷會使衝突難以化解。

分析，更進一步與生命連結。

需要被聽見了嗎？

那位先生終於承認了他的需要，那便是：讓家中的經濟無虞。接下來的步驟就是要確定他的太太聽見他的這個需要。這是化解衝突時的一個關鍵步驟。我們不能假定當一方清楚表達了一個需要，另一方就一定能聽得明白。我問那位太太：「妳可不可以告訴我，剛才妳的丈夫說他需要什麼？」

「喔，我只不過是讓帳戶透支了兩三次而已。這並不代表我會一直這樣呀！」

這樣的反應並不罕見。當我們心中有著長年的積怨，就算對方已經把話說得很清楚，我們也不一定能聽得明白。於是，我便對那位太太說道：「我想告訴妳，我剛才聽到妳丈夫說了什麼，希望你能再聽一次。我聽見妳的丈夫說他需要保護這個家，讓家裡經濟無虞，但他擔心他做不到，所以很害怕。」

以同理心紓解別人的痛苦，使他們得以聆聽

然而，這位太太因為心裡還是很不舒服，聽不進這些話。由此，我們就要談到非暴力溝通中另一個可以有效化解衝突的技巧。當人們處於難受的狀態，往往無法聽進別人所說的話。這時我們需要先同理他們。因此，我並沒有請這位太太複述她先生說過的話，而是試著了解她的痛苦。面對處於痛苦中的人——尤其是那些已經受了許多苦的人——我們一定要給他們

> 人們往往需要先被同理，然後才能聽見別人所說的話。

足夠的同理，讓他們感覺他們的痛苦已經被看見、被理解了。

於是，我便開始同理那位太太的心情：「妳似乎覺得很委屈，希望先生能夠信任妳，相信妳有能力從過去的經驗中學習。」她的眼神告訴我：她多麼需要有人能像這樣理解她的心情。「是的，一點沒錯。」她答道。然而，當我請她複述她先生剛才所說的話時，她還是回答：「他認為我花太多錢了。」

在教育的影響下，我們除了沒有學會如何表達自己的需要之外，往往也無法聽出別人的需要。這位太太所聽到的都是先生對她的批評或分析。於是，我鼓勵她試著聽出他的需要。在我重複說了兩次之後，她終於能夠聽見了。這樣來來回回幾次之後，他們兩人都聽到了彼此的需要。這是三十九年來他們第一次了解彼此在帳戶問題上的需要，而正如我先前所料，後來他們果然花了不到二十分鐘的時間，就想出了很實用的辦法，使雙方的需要都得以滿足。

這些年來，隨著調停衝突的經驗日趨豐富，我愈來愈明白是什麼因素導致家庭失和、兩國交戰，也愈來愈相信解決這些衝突並非難事。只要我們能說：「你們雙方既然有這些需要，也有這些資源，那麼你們可以做些什麼來滿足彼此的需要呢？」衝突就可以輕而易舉地化解。然而，我們卻忙著互相貼標籤、彼此批判，以致原本微不足道的衝突，最後變得難以解決。非暴力溝通能夠讓我們不致掉入這個陷阱，從而提高化解衝突的機率。

用現在式、正向的行動語言化解衝突

在第六章，已經談到如何使用現在式、正向的行動語言，但這裡我還是想再舉幾個例子，來說明這種做法在化解衝突時

的重要性。在衝突的雙方已經了解彼此的需要後，接下來的步驟，就是要擬定策略以滿足雙方的需要。這時，我們一定要避免倉促行事，否則就可能會導致妥協和讓步，無法帶來真正的、深度的和解。衝突的雙方如果能充分聆聽彼此的需要，再來商討解決的方案，日後才比較有可能會遵守彼此的協議。在調解的最後階段，我們必然要請雙方採取能夠滿足大家需要的行動，而唯有以清楚的、現在式的正向行動語言提出可行的策略，衝突才可望獲得解決。

所謂「**現在式的語言**」，指的是說話者要提出他**此時此刻**的需要。舉個例子，其中一方可以說：「我希望你能告訴我，你是否願意……」並描述他希望對方採取的行動。以這種現在式的語言提出請求（「你是否願意……」），有助雙方在討論時保持互相尊重的態度。如果對方表示不願意，他就必須設法了解他們之所以不願意的原因。

反過來說，如果不使用現在式的語言，而提出類似「我希望你星期六晚上可以陪我去看表演」這樣的請求，將無法傳達你希望對方**當下**怎麼做。如果能以現在式的語言提出請求，例如：「你願不願意告訴我，你星期六晚上會不會跟我一起去看表演？」會讓我們的意思變得比較清楚，也比較能和對方保持連結。也可以向對方表明我們當下希望得到的回應，例如：「你願不願意告訴我，你現在對星期六晚上跟我一起去看表演這件事有什麼想法？」如此一來，我們的請求就會變得更加明確。總而言之，我們愈能把此刻希望得到的回應說清楚，就愈能夠

要使用行動語言，就必須使用代表實際行動的動詞。

有效地朝著化解衝突的目標邁進。

行動語言

在第六章，我們談到了在提出非暴力溝通的請求時，「行動語言」所扮演的角色。在衝突的情境，我們更要把焦點放在自己「**想要**」而非「**不想要**」的事物上。如果談論自己「**不想要**」什麼，很容易讓對方感到迷惑並產生抗拒的心理。

所謂使用「行動語言」指的是要使用代表某個行動的動詞，並且避免模糊不清或可能會被他人視為有抨擊意味的語言。舉個例子，有一位女士表示她需要被人理解，但這個需要並未在她的親密關係中得到滿足。當她的伴侶明確聽出她的需要並且複述她的意思後，我轉頭問那位女士：「妳希望妳的伴侶做些什麼來滿足妳被理解的需要？」她看著伴侶說道：「我希望我在對你說話時，你能注意聆聽。」後者聞言立刻反駁：「我有在聽呀！」這樣的情況並不罕見：當有人告訴我們，希望我們能注意聽他們說話，我們很容易認為他們在指責我們，並因而不悅。

這對夫婦就這樣你一言我一語地交鋒。先生一再地說：「我有聽呀！」但太太則反駁：「不，你沒有。」他們告訴我：過去這十二年來，他們一直在進行這類的「對話」。當衝突的雙方使用類似「聆聽」這樣模糊的語詞來表達他們的策略時，經常就會發生這類的狀況。我建議她改用行動動詞來傳達我們**能夠看到、聽到或可以用攝影機來記錄的行動**。這是因為：一個人是否真的在「聆聽」，只有他自己知道，別人無從得知。要確定某個人是否真的在聽你說話，我們可以採取一個辦法：請他（她）複述你剛才所說的話。這個「複述」的舉動，便是我們

能夠看得見或聽得見的行動。如果對方講得出我們剛才說了什麼，我們就知道他們確實有在聽我們說話。

我再舉一個例子。另一對夫婦彼此之間也發生了衝突。太太希望先生能尊重她的選擇。在她成功表達了這個需要後，接下來她就要說明自己想用什麼策略來滿足這個需要，並且向她先生提出請求。於是，她告訴他：「我希望你讓我自由地成長並且做我自己。」但那位先生回答：「我有啊！」隨後他們就像之前那對夫婦一般，你來我往，各說各話。一個說：「我有啊！」另一個說「不，你沒有！」到頭來，兩人的衝突還是沒有獲得解決。

事實上，類似「讓我自由地成長」這樣的「非行動語言」（non-action language）往往會使衝突加劇。在這個例子當中，先生認為太太是在指責他有很強烈的控制慾。我告訴那位太太，她的丈夫並不清楚她要什麼：「請妳明確地告訴他，妳希望他怎麼**做**，才能滿足妳被尊重的需求。」

「我希望你讓我……」這時我立刻打斷她的話，告訴她「讓」這個字眼意思太模糊了：「當妳說希望某人『讓』妳如何如何時，究竟是什麼意思呢？」

她沉思了幾秒鐘之後，終於有了重大的發現。她承認：當她說「我希望你讓我做自己」以及「我希望你能讓我自由地成長」之類的話時，她的意思其實是希望她的先生能夠告訴她，無論她做什麼，他都沒有意見。

當她明白自己真正想要提出的請求（希望丈夫**對她說那些**

保持尊重的態度，是成功化解衝突的要素。

話），就發現她這麼做並沒有讓丈夫有太多的自由去做他自己，也沒有尊重**他**的選擇。而保持尊重的態度乃是成功化解衝突的要素。

解讀他人的「不」

當我們提出一個請求時，無論對方是否同意，務必要予以尊重。我曾經多次看到人們在調解過程中耐性被消磨殆盡，以致最後無論是什麼樣的妥協方案他們都願意接受。這和非暴力溝通解決方式有很大的不同，因為非暴力溝通的目標是讓每一個人的需要都得到滿足，不讓任何人遭受任何損失。

在第八章，說明了當別人說「不」時，我們千萬不要認為他們就是在拒絕我們。如果我們能夠仔細傾聽那個「不」後面所隱藏的訊息，就可以了解對方的需要：**當他們說「不」時，其實是表示有一個尚未被滿足的需要，所以才無法答應我們的請求。**如果能聽出那個「不」後面所隱藏的需要，則即使對方不同意我們提出的策略，我們還是可以努力尋找一個能夠滿足各方需要的方案，藉以化解衝突。

非暴力溝通與調解人的角色

儘管在這一章，我談到過去調解衝突時的一些經驗，但到目前為止，重點還是在於如何以這些技巧來化解我們和他人的衝突。然而，當我們在衝突的情境中扮演調解人的角色，試圖以非暴力溝通的技巧幫助雙方化解紛爭時，必須要記住幾件事情。

你的角色以及對非暴力溝通的信心

當你負責調解一場衝突時，不妨開宗明義地告訴當事人你

不會偏袒任何一方，而是要幫助他們聆聽彼此的心聲，引導他們找出一個能夠滿足各方需要的解決方案。此外，你也不妨告訴他們：你相信只要雙方都遵照非暴力溝通的步驟做，雙方的需要最終必然能夠得到滿足。

記住：我們並非主角

在本章開頭曾經強調，解決衝突的目標並不在於讓對方照著我們的意思去做。同樣的原則也適用於調解他人的衝突。儘管我們可能對化解衝突的方式有自己的想法，尤其是在家人、朋友或同事發生衝突時。但必須記住：身為調解人，我們的工作並不是要實現自己的目標，而是要創造出一種氛圍，讓雙方能夠彼此連結、表達自己的需要、了解對方的需要，並研擬策略來滿足那些需要。

急救式的同理

身為調解人，我們的目標是要充分而確實地了解雙方的立場。但有時也不免會發生這樣的狀況：當我們對其中一方表示同理時，另外一方就立刻指責我們偏心。這時，我們就要進行「急救式的同理」，例如：「你是不是很生氣，想要確保你有機會陳述自己的意見？」

在同理了他們的心境後，我會提醒他們每一個人都有機會發言，而且接下來就輪到他們了。然後，我會詢問他們是否願意等待。比方說，我可能會問：「這樣你是不是比較放心了？

在調解衝突時，目標並不是讓當事者照著我們的意思去做。

還是你希望能更確定你很快就可以發言了？」

我們可能需要反覆地這樣做，才能讓調解過程順利進行。

掌握進度：追蹤

在擔任調解人時，我們必須「計分」（keep score），也就是說：要仔細注意當事人所說的話，確保雙方都有機會表達自己的需要、聆聽對方的需要並提出請求。此外，我們也要「追蹤」，注意其中一方剛才說到哪裡，以便在另外一方說完後，回到前者所說的內容。

這或許並不容易，尤其是在大家情緒有些激動時。此時，如果能用一塊白板或掛圖記錄上一個講者所說的要旨（他所表達的感受或需要），會頗有幫助。

這種做法也能讓雙方確信他們的需要將會獲得處理。在調解過程中，可能經常會遇到這樣的現象：還沒來得及引導一方充分表達他們的需要，另一方就搶著發言了。如果我們能花一點時間，在其中一方發言時，把他們所表達的需要記下來，並且讓在場的每一個人都看得到，就能讓聆聽的那一方感到安心，相信他們的需要也會得到處理。這樣一來，他們當下就比較有可能會專心聽對方說話。

聚焦於當下

在調解的過程中，我們也要努力讓當事人把心思放在當下：此時此刻他們有什麼需要？想提出什麼請求？要做到這點，必須經常練習活在當下才行，但大多數人從小並未受到這方面的教導。

在調解過程中，我們很可能會聽到雙方談論過去所發生

的事以及他們對未來的期待，但唯有把握此時此刻才能化解衝突，因此必須聚焦於現在。

讓對話有所進展

在擔任調解人時，另一項任務是讓對話不致原地打轉。人們往往會認為他們只要把同樣的話**多說幾遍**，別人就能夠理解並照著他們的意思去做，因此會談很容易原地打轉。

為了使會談有所進展，調解人在問問題時必須要一針見血，必要時也必須維持甚至加快對話的步調。有一次，我即將開始在一座小鎮帶領一個工作坊時，主辦人問我是否能夠幫忙調解一場與分家產有關的私人紛爭。我答應了，但我知道我在課餘只有三小時的空檔可以做這件事。

這場糾紛的起因是：一個擁有一座大農場的男子即將退休，他的兩個兒子為了如何分財產一事爭吵不休。他們雖然都住在農場的一端，彼此距離很近，但已經有八年的時間不曾交談了。我和這兩兄弟以及他們的妻子和妹妹見了面。這八年來，他們全都捲入了這場複雜的法律糾紛，非常痛苦。

為了取得進展，也為了不耽誤工作坊的進度，我不得不加速調解的過程。為了不讓他們反覆訴說同樣的話而用掉太多時間，我便問那位哥哥我是否可以先扮演他，然後再改為扮演弟弟。

在實際進行角色扮演時，我開玩笑地問他們，我是否可以請「導演」看看我演得對不對。當我扮演完了哥哥的角色，轉

用角色扮演的方式加速調解的過程。

頭望著他時，看到一幕出乎我意料之外的景象：他的眼裡竟然有著淚水。我猜我的角色扮演讓他得以深深地同理自己，並且終於體會到他弟弟的痛苦。第二天，他們的父親同樣含著眼淚前來找我，告訴我前一天晚上他們全家人一起出去吃了一頓晚飯。這是八年來他們第一次共進晚餐。儘管這對兄弟的紛爭已經持續了這麼多年，在雙方律師的努力下也都無法達成協議，但他們透過角色扮演的方式明白了彼此的痛苦和需要後，事情就變得很容易解決了。如果我當時任由他們各自訴說自己的立場，調解的過程就會冗長得多。

我在進行角色扮演時，會不時轉頭看著我所扮演的那個人（我稱之為「導演」），看他（她）覺得我演得如何。在許多時候，我都會看到他們流著眼淚對我說：「那就是我一直想說的話。」讓我感覺自己簡直是個表演天才。但後來我開始指導別人進行角色扮演時，發現這是每一個人都可以做得到的，只要他們和自己的需要連結。這是因為無論情況為何，人類都有著共通的需要。

我有時會輔導一些曾經被強暴或受到折磨的人。當犯罪者不在場時，我會扮演他們的角色。那些受害者聽到我在扮演時所說的話，往往會驚訝地問我：「沒錯，他確實就是這麼說的，但你是怎麼知道的呢？」我相信我之所以知道，是因為當時我就是那個犯罪者。事實上，我們每一個人都是。在角色扮演的過程中，我們並不會思考導致衝突的那些問題，而只是試著站在當事人的立場，設身處地揣摩他的感受和需要。儘管我

角色扮演就是去設想他人的處境。

們會不時看看「導演」的反應如何（因為我們不一定演得對），但我們的目的並不在於「演得對」。事實上，沒有人可以每次都演得對，但這並沒有關係。如果演得不對，所扮演的那個人自然會以某種方式讓我們知道，之後我們就有機會猜得更準確一些。

打斷別人的發言

在調解的過程中，當事人的情緒有時可能會變得很激動，彼此大聲咆哮或搶著發言。在這種情況下，為了讓調解過程得以順利進行，我們必須勇於打斷他們。有一次我在以色列擔任調解人時，由於我的譯員太有禮貌，因此進展得很不順利。最後我終於要他更兇一點：「叫他們閉嘴！要他們至少等到你把我的話翻譯出來之後再來對罵。」因此，現在每當雙方互相叫囂或同時發言時，我就會打斷他們：「請注意！請注意！請注意！」我會像這樣大聲地說個幾遍，直到他們的注意力再度回到我身上為止。

要抓住他們的注意力，動作一定要快。如果有人在被打斷發言之後生起氣來，我們就可以知道他的心中顯然有著太多痛苦，因此聽不進去我們所講的話。這時就要趕緊進行「急救式的同理」。下面就是在一場商業會談中一個調解人進行「急救式同理」的例子：

說話者：每次都這樣！他們已經開了三次會，但每次都舉出同樣的理由來解釋他們為什麼做不到。上回他們甚至還簽署了協議呢！現在又提出了新的承諾，但也只是隨口說說罷了，不會兌現的。和這

些人討論根本沒什麼用……

調解人：等等，等等，請聽我說！（聲音漸大）你可不可以告訴我，對方說了什麼？

說話者：（意識到他剛才並沒有注意聽對方說話）沒辦法！

調解人：此時此刻你是不是充滿了不信任的感覺，很希望能夠相信他們會說話算話？

說話者：那當然！可是……

調解人：那麼你可不可以告訴我，你聽到他們說了什麼？讓我再說一次給你聽好了。我聽到對方說，他們很希望能夠用光明磊落的方式解決問題。你可不可以再說一次，以便讓我能確定我們都已經了解彼此的意思？

說話者：（默不作聲）

調解人：不行嗎？那讓我再說一次。

我們就再說一遍。

在擔任調解人時，我們可以把自己當成譯者，幫忙翻譯各方所說的話，以便讓另外一方得以了解。在進行調解之前，我都會提醒他們：為了能夠解決衝突，我會不時打斷他們的話，請他們要習慣。當我打斷某人的談話時，我也會問他，我是否已經把他的意思準確地「翻譯」出來。在調解過程中，我會「翻譯」許多訊息，但那些都是我的揣測，至於是否準確，還是要讓說話者來認定。

> 打斷別人發言的目的，是讓他們回歸非暴力溝通的溝通方式。

一定要記住：之所以要打斷當事人的談話，把他們的注意力拉回來，目的是讓他們回到非暴力溝通的模式：說出自己的觀察、辨識並表達自己的感受、將這些感受與需要連結，並以明晰、具體、正向的行動語言，提出可行的請求。

當人們不願意面對面討論時

我相信當我們設法讓衝突的雙方共聚一堂，以表達他們的需要和請求時，他們的衝突便很有可能獲得解決。但我所遇到的最大的問題之一便是如何讓雙方碰面。由於有時其中一方會需要一段時間才能清楚說出自己的需要，因此調解人與雙方必須有足夠的機會與雙方碰面，才能讓他們表達自己的需要並且了解對方的需要，但我們往往會聽到其中一方說：「不用談啦！有什麼用呢？他們根本不會聽。我之前已經試過了，根本沒用。」

為了解決這個問題，我想了一些辦法，以便在當事人不願意碰面時仍能化解他們之間的衝突。其中一個辦法效果不錯，那便是：利用錄音機。我會分別和每一方見面，並扮演另一方的角色。如果我們的親朋好友彼此吵架並且避不見面，就可以考慮使用這種方法。

讓我舉個例子來說明這種做法。有位女士和丈夫發生了嚴重的衝突。她很生氣，尤其不滿他拿她來出氣。我的做法是：先聆聽她的心聲，鼓勵她明確地表達自己的需要，讓她體驗到被尊重、被了解的感受。接著，我便扮演她丈夫的角色，揣測他可能有什麼需要，請她注意聆聽。

在雙方都明白地表達了自己的需要後，我便請這位女士把這次錄音拿給她的丈夫聽，看他有何反應。

由於我猜對了那位先生的需要，因此他在聆聽那次錄音時，有一種如釋重負的感覺。由於他聽到我已經了解他的需要，便開始比較信任我，後來終於同意加入會談。於是我們三人便一起努力想辦法，讓他們兩人能以互相尊重的態度，滿足各自的需要。

當你要解決衝突卻又很難讓雙方碰面時，將角色扮演的過程錄下來，或許可以解決問題。

非正式的調解：多管閒事

「非正式的調解」是比較客氣的說法，指的是在未獲邀請的情況下逕自排解他人糾紛——說得明白一些，就是多管閒事。

有天我在一家雜貨店買東西時，看到一位女士在打她一、兩歲大的孩子。她正準備再次動手時，我出面介入，儘管當時她並沒有問我：「先生，你是不是可以幫忙調解我們之間的紛爭？」還有一次，我走在巴黎的街道上，突然有一個看起來醉醺醺的男子從後面衝了上來，抓住走在我旁邊的一位女子，將她轉過去，打了她一個耳光。由於當時我並沒有時間和這名男子交談，因此只好使用「保護性的強制手段」，在他即將再度動手時制止了他。這時，我也是擅自出面干涉，多管別人的閒事。除此之外，在一場商業會議中看到兩派人士不斷針對一個老問題你來我往地爭論不休時，我也曾主動出面調停。

看到有人做出令我們關切的行為——除非是像第十二章中那種需要使用「保護性的強制手段」的狀況，我們所要做的第

我們必須擅於聽出每一個訊息中所隱含的需要。

一件事就是同理對方的需要。在第一個例子中，我們如果不同理那位母親，而是以言語暗示她不應該打孩子，她很可能會變本加厲，打得更用力。因此，這樣的因應方式只會使情況更惡化。

在出面介入他人的紛爭時，為了真正幫助對方，我們必須對人的需要有廣泛的了解，並且擅於聽出人們的訊息（包括打別人耳光的行為）背後所隱藏的需要。同時，也必須能以言語表達同理心，讓對方意識到我們明白他們的需要。

要記住：當我們決定要出面調解別人的紛爭時，不能光是幫助對方認清自己的需要，還要採取本章所談到的其他步驟。舉例來說，在同理了那個打小孩的媽媽之後，我們可以告訴她，我們在意人身安全的問題並且需要保護人們免於危險，再請問她是否願意嘗試以別的策略，來滿足她在管教孩子方面的需要。

然而，在尚未讓對方明白我們了解並在乎他（她）的需要之前，要避免提到自己因他（她）的行為而產生的需要。否則他們將不會在乎我們的需要，也不會明白他們和我們之間有著共通的需要。正如美國小說家愛麗絲・華克（Alice Walker）在她的作品《紫色姊妹花》（*The Color Purple*）中所表達出的美麗情懷：「有一天我靜靜地坐在那兒，感覺自己像是一個沒媽的小孩──我的母親確實也不在了，我突然有一種感覺：我是萬事萬物的一部分，和它們毫無區隔。我知道如果我砍了一棵樹，我的手臂將會流血。」

除非能確定衝突的雙方都明白自己以及對方的需要，否則將很難化解他們之間的紛爭。此外，我們很可能會受困於缺少什麼，因而認為只有滿足自己的需要才是重要的事。當專注於

所缺乏的，又加上好壞對錯的想法，任何人都可能會變得好鬥而暴力，並且連最顯而易見的解決方案也看不到。此時，衝突似乎就難以化解，除非我們能夠暫時放下自己的需要，先同理對方，藉此與對方連結。

總結

非暴力溝通化解衝突的方法和傳統的調解方式不同。我們並不商討議題、策略和妥協之道，而是聚焦於辨識雙方的需要，然後再尋求策略以滿足那些需要。

一開始，我們會先讓衝突的雙方建立人性的連結，再確保雙方都有機會充分表達需要，並且能夠仔細聆聽對方的需要。一旦他們聽見彼此的需要，則要確保他們能夠清楚地提出可行的步驟來滿足那些需要。我們不會批評或分析此一衝突，而是始終把重點放在需要之上。

當有一方太過痛苦以致無法聽出另一方的需要時，要同理他們的心情，直到他們明白自己的痛苦已經被了解為止。此外，當別人說「不」時，我們不會認為他們是在拒絕我們，因為那只代表他們有一個需要沒有被滿足，因此才無法答應我們的請求。唯有在衝突的雙方都已經了解彼此的需要後，才會進展到尋求解決方案的階段，請雙方以正向的行動語言提出可行的請求。

當我們在兩派人士的衝突中擔任調解人時，以上這些原則同樣適用。除此之外，還要密切掌握進程，在必要時給予同理，讓雙方的對話聚焦於當下此時，使談判不致原地打轉，並且在必要時打斷當事人的發言以便再次以非暴力溝通的方式來處理衝突。

有了以上這些方法和觀念，我們就能將非暴力溝通的原則付諸實行，並協助他人解決衝突，獲致皆大歡喜的結果。

第十二章
採用保護性的強制手段

何時不得不採用強制力

當衝突雙方都有機會充分陳述他們觀察到的事實，表達感受和需要，並且提出請求，同時也能同理對方的立場時，他們通常就能夠想出解決之道，滿足彼此的需要。至少，他們能保持善意、尊重對方的不同看法。

然而，在某些情況下，衝突的雙方並沒有機會進行這類的對話。這時，為了保護某些人的性命或權益，可能就需要採取強制性的手段。舉例來說，有時另外一方可能不願意溝通，有時由於危險迫在眉睫，雙方已經來不及溝通。在這些情況下，可能就需要採取強制性的手段。果真如此，根據非暴力溝通的原則，我們必須區分何謂「保護性強制力」，何謂「懲罰性強制力」。

採用強制力的心態

採用「保護性強制力」，其目的在於防止人們受傷或受到不公平的待遇。採用「懲罰性強制力」，其目的則是讓人們為了他們所做的「不當行為」而受苦。當我們抓住一個即將跑到街上的孩子，以免他受傷時，我們所採取的就是「保護性強制力」。反過來說，如果我們體罰或責備那個孩子，例如：打他屁股或罵他：「你怎麼會這麼笨呢？真是太丟臉了！」我們所採取的

就是「懲罰性強制力」。

採取「保護性強制力」時，我們把重點放在想要保護的性命與權益，不會批評對方以及他們的行為。比方說，我們不會怪罪或譴責那個跑到街上的孩子，只是一心一意要保護他，使他不致遭遇危險。（至於如何在社會和政治衝突中運用這類強制性的手段，請參見厄文〔Robert Irwin〕的著作《建立一個和平的體制》〔*Building a Peace System*〕。）之所以主張採取「保護性強制力」，是因為我們認為人們之所以做出傷害自己或他人的行為是出於無知。因此，我們要以教導——而非懲罰——的方式來矯正他們的行為。所謂的「無知」包括：一、不知道自己的行為會造成什麼後果；二、沒有能力看出我們可以在不傷害他人的情況下滿足自己的需要；三、相信我們有權懲罰或傷害他人，因為他們「罪有應得」；四、產生了幻想，例如：聽到一個聲音要我們去殺人等等。

相反的，主張採取「懲罰性強制力」的人士則認為，人們之所以做出不當的行為，是因為他們很壞或者生性邪惡。因此，為了矯正這個情況，必須以懲罰讓他們悔改。這類懲罰性的「矯正」手段，目的是要讓他們：一、吃足苦頭，以便認清自己所犯的錯誤；二、懺悔；三、改變。然而，實際上懲罰性的手段不但不會讓人悔改和學習，反而會使人心生怨懟和敵意，因而更不願意依照我們的意思做出改變。

懲罰性強制力的種類

體罰（例如打屁股）是一種懲罰性強制手段。我發現家

採用保護性的強制力，目的是要保護他人，而非懲罰、怪罪或譴責他們。

長們對於這個議題的反應非常兩極化。有些人引用聖經中的說法，堅決捍衛體罰的做法：「所謂『不肯使用棍杖的人，實是恨自己的兒子』。現在青少年犯罪如此猖獗，就是因為家長都不打小孩。」他們相信體罰能讓孩子明白是非對錯、遵守規矩，因此是一種愛的表現。但有些家長則堅稱體罰是既沒有愛心又沒有效果的做法，會讓孩子養成一種觀念，認為在問題無法解決時，就可以訴諸肢體暴力。

我個人擔心的是：孩子可能會因為害怕體罰，而無法體會父母親對他們的要求乃是出自善意。我經常聽到家長告訴我，他們「不得不」採取體罰，因為他們看不出有任何別的辦法可以讓孩子去做「對他們有好處的事情」，甚至還說有些孩子在被體罰後終於「明白了道理」，因而對父母親表示感謝。身為四個孩子的父親，我深深能體會天下父母為了教導孩子並保護他們的安全每天所面臨的挑戰，但我對實施體罰這件事還是有著疑慮。

首先，我不知道那些宣稱體罰有效的人士是否知道，有無數的孩子因為不肯屈服於這種脅迫的方式，而拒絕去做那些對他們有好處的事。其次，即使體罰的手段成功改變了孩子的行為，也並不代表其他方法不會同樣有效。最後，我和許多家長一樣，擔心採用體罰的方式對社會造成的影響。當父母親選擇採用體罰的手段，或許可以讓孩子聽話，但在這個過程中，是否也會讓我們的下一代認為他們可以使用暴力來解決人與之

> 孩童會因為害怕體罰，而無法體會父母親對他們的要求乃是出自善意。論斷別人、為他人貼標籤或者取消他們原有的權利，也是處罰的一種形式。

間的爭議呢？

除了體罰之外，有些強制性的手段也算是懲罰。其中之一便是以指責的方式來影響他人的名譽。比方說，當一個孩子沒有做出某種行為時，父母親可能會會他貼上「不可取」、「自私」或「不成熟」等標籤。還有一種懲罰性的強制手段就是拒絕讓對方得到某些滿足。比方說，有些父母會削減孩子的零用錢或開車的權利。同樣的，不再關心或尊重一個人，也是世上最有效的威脅之一。

懲罰的代價

純粹為了避免受到懲罰而去做某件事時，我們所在意的是如果不這麼做將會有什麼後果，而不會去注意這個行為本身的價值。如果一個員工是擔心受罰才做事，他會把工作做完，但不會做得很積極。如此一來，他的生產力遲早會降低。此外，當人們受到處罰時，自尊心也會受損。如果孩子們是為了擔心丟臉或受到嘲笑才刷牙，他們的牙齒或許不會蛀掉，但自尊心會被蛀食。再者，大家都知道：你如果懲罰一個人，他（她）對你的好感度自然大為降低。人們愈是將我們視為執行處罰的人，就愈難對我們的需要做出善意的回應。

有一次，我去拜訪一位擔任小學校長的朋友。當他透過校長辦公室的窗戶看到一個大孩子在打另一個較小的孩子時，便跳了起來，衝到操場去，一把抓住那個大孩子，使勁拍了他

> 當我們害怕受到處罰時，所在意的是自身行為所造成的後果，
> 而非我們的價值觀。
> 讓人因害怕而服從，會削弱他們的自尊心以及對我們的好感。

一下，並且責罵他：「嘿，我要讓你明白一個道理：絕對不要打比你小的人！」他回到辦公室後，我對他說：「我不認為那個孩子會明白你想教他的道理。我猜他學到的應該是：在可能會被大人看到的時候，不要打比他小的孩子！如果一定要說的話，我倒認為你已經讓他更加深信：要讓別人聽話的方法，就是動手打他們。」

我建議他在這種情況下先同理那個動手的孩子。舉個例子，我如果看到一個孩子在遭到辱罵後動手打人，可能會對他說：「我知道你很生氣，因為你希望別人尊重你。」如果我的揣測是正確的，而且那個孩子也承認我說的是事實，之後我就會表達我的感受和需要，並且提出我當下的請求，但不會讓他認為我在責備他：「我覺得有點難過，因為我希望我們能找到一些方法讓別人尊重我們，但又不至於和他們變成敵人。不知道你是否願意和我一起找出別的方法，來得到你想要的尊重？」

懲罰的局限性

有兩個問題可以幫助我們了解為何不太可能以懲罰的方式來改變別人的行為以達到我們的目的。第一個問題是：**我要這個人做出什麼樣的改變？**如果只問這個問題，懲罰看起來似乎是有效的方式，因為採用威脅或懲罰性的手段，確實很可能影響他人的行為。然而，當我們問了第二個問題之後，就會發現懲罰是不太可能產生效果的。這第二個問題便是：**我希望這個**

第一個問題：我希望這個人做什麼？
第二個問題：我希望他為了什麼樣的原因而去做那件事？

人是因為什麼原因，才照著我的話去做？

我們很少提到後面這個問題，但提出來時，很快就會發現如果使用懲罰與獎勵的手段，人們就比較不會因著我們所期望的理由而去做某件事。我們必須了解人們究竟是為什麼照著我們的意思去做，這點是很重要的。舉例來說，如果我們希望孩子是因為想讓家裡變得整潔，或讓爸媽開心才打掃房間，那麼責備或懲罰顯然就不是有效的策略。孩子們之所以清理房間，往往是因為服從權威（「因為我媽叫我這麼做」）、避免懲罰、不想惹爸媽生氣或被他們討厭。然而，非暴力溝通的目標卻是根據人的自主性以及人與人之間相互依存的事實，提升人們的道德意識，讓我們認清要為自己的行為負責，並了解我們的福祉和他人的福祉是一體的兩面。

在學校裡使用保護性的強制力

我想描述我和幾個學生如何以保護性的強制力讓一所體制外的學校恢復秩序。這所學校專門收容那些從體制內的學校輟學或被開除的學生。校方和我希望能以非暴力溝通的原則來和這些學生溝通。當時我負責訓練學校裡的教師如何運用非暴力溝通，並在那一年擔任學校的顧問。由於當時我只有四天的時間可以為那些老師授課，因此無法充分說明非暴力溝通的做法和寬容放縱有何差別，以致有些老師對學生間的衝突或擾亂秩序的行為抱持著睜一隻眼閉一隻眼的態度，並未加以干預。後來，由於情況日益混亂，校方幾乎已經做好要讓學校關門的打算了。

當我請求校方讓我和那些最調皮搗蛋的學生談談時，校長找了八個男孩（年齡從十一歲到十四歲不等）來和我見面。以

下是我和那些學生對話的片段：

> 盧森堡：（單純表達我的感受和需要，並未追問事情的始末）老師們告訴我有許多班級的情況已經失控了。我聽了以後非常難過。我很希望這所學校能辦得成。希望你可以幫助我了解問題所在，以及該如何解決。
>
> 威爾：這所學校的老師很笨！
>
> 盧森堡：威爾，你的意思是說你很不爽那些老師，希望他們能夠改變做法嗎？
>
> 威爾：不是，我說他們很笨是因為他們光是站在那兒，什麼也沒做。
>
> 盧森堡：你的意思是你會那麼不爽，是因為你希望他們在發生問題的時候能夠做點什麼。（這是我第二度揣測他的感受和需要。）
>
> 威爾：沒錯。不管誰做了什麼事，他們都只是站在那兒傻笑。
>
> 盧森堡：你可不可以舉個例子？
>
> 威爾：很簡單。今天早上，有個傢伙走進教室時，褲子後面的口袋裡明顯裝著一瓶威士忌，大家都看到了，老師也是，但她卻假裝沒看到。
>
> 盧森堡：聽起來你看到老師們站在那兒什麼也沒做，就無法尊敬他們。你希望他們能做點什麼，對嗎？（我繼續試著充分理解他的感受和需要。）
>
> 威爾：嗯。
>
> 盧森堡：我覺得很失望，因為我希望他們能夠和學生一起

解決問題，但聽起來我之前並沒有讓他們了解我的意思。

後來我們開始討論一個特別迫切的問題：那些不想上課的學生干擾了那些想上課的學生。

盧森堡：我很想趕緊解決這個問題，因為我聽老師們說這是最讓他們感到困擾的問題。如果你們能提供我一些意見，我會很感謝。

喬伊：老師得配備一根藤條才行。（所謂「藤條」指的是一根裹著皮革的棍子。在聖路易市，有些校長會隨身攜帶，用來體罰學生。）

盧森堡：喬伊，你的意思是當有些學生干擾別人上課時，你希望老師能打他們幾下。

喬伊：只有這樣，學生們才不會胡鬧。

盧森堡：（仍然試著了解喬伊的感受）所以你不太相信其他的方法會管用。

喬伊：（點頭表示同意）

盧森堡：如果真是這樣，我會覺得很灰心。我不喜歡用這種方式來解決問題，希望能看看有沒有別的法子。

艾德：為什麼？

盧森堡：有好幾個理由。比方說，如果我用藤條讓你不要在學校裡搗蛋，那請你告訴我：我回家以後，如果有三、四個被我在班上打過的人經過我的車子，會發生什麼事呢？

艾德：（微笑）那你最好有一根很大的棍子！

盧森堡：（因為我確定自己了解艾德所要傳達的訊息，也
　　　　確定他知道這一點，所以我就沒把他的意思說出
　　　　來）這正是我想表達的意思。我希望你明白我不
　　　　喜歡用那種方式解決問題。我太健忘了，不可能
　　　　總是記得要帶一根大棍子。就算我記得，我也不
　　　　希望用它來打人。

艾德：你可以把他們踢出去。

盧森堡：艾德，你的意思是你希望我們讓那些孩子停學或
　　　　退學？

艾德：是啊！

盧森堡：這也會讓我很氣餒。我希望讓大家看到我們有別
　　　　的方法可以化解學校裡的紛爭，而不需要讓任何
　　　　人離開。如果只能讓他們停學或退學，我會覺得
　　　　自己是個失敗者。

威爾：如果有個傢伙不想上課，你為什麼不能讓他待在一
　　　　間不用上課的教室呢？

盧森堡：威爾，你的意思是你希望我們能有一個房間讓那
　　　　些干擾到別人上課的同學可以待在那兒。

威爾：沒錯。如果他們不想上課，待在教室裡也沒用啊！

盧森堡：我對這個點子很有興趣。你認為這樣一個房間應
　　　　該如何使用呢？我想聽聽你的意見。

威爾：有時候我們到了學校卻感覺心情不好，不想上課。
　　　　所以我們可以騰出一個房間，讓那些不想上課的同
　　　　學有個地方可以待，等到他們想上課的時候再回教
　　　　室去。

盧森堡：我明白你的意思，但我想老師可能會擔心學生們

不願意去那裡。

威爾：（看起來很有信心）他們會願意的。

我告訴他們，我認為如果能讓學生明白這樣做的目的不是在懲罰任何人，而是讓那些尚未準備要上課的同學有一個地方可待，同時也讓那想念書的同學可以專心上課，這個計畫可能就會有效。此外，我也認為如果大家都知道這個點子是學生腦力激盪的結果，而非學校的規定，它也比較可能會成功。

於是，校方後來就闢出一個房間，讓那些心情不好、不想上課或者讓別的同學無法好好上課的學生有一個地方可待。有時，學生們會主動請求要過去，有時則是應老師的請求前往。我們請了一個最擅長非暴力溝通的老師負責管理那個房間。她和裡面的學生有過幾次很有成效的對談。這樣的安排大大改善了學校的秩序，因為想出這個辦法的那些學生已經讓其他同學明白：此一安排的目的，是在維護那些想要學習的學生的權益。我們希望這場和學生的對談能夠讓老師體會到一點：除了袖手不管或實施處罰之外，還有別的辦法可以化解衝突。

總結

在沒有機會溝通（例如：危險已經迫在眉睫）的情況下，我們可能需要採取保護性的強制手段。但這類手段的目的是在防止人們受到傷害或遭受不公平的待遇，而非懲罰任何人或讓他們難受、懺悔或改變。如果採用懲罰性的強制手段，往往會使對方對我們產生敵意，並且更不想照著我們的意思去做。懲罰他人的做法會傷害對方的自尊心，讓他們對我們缺乏好感，也會讓我們只注意到行為的外在後果，而忽視行為本身的內在

價值。責備和懲罰他人，無法讓他人因著我們所樂見的那些動機去行動。

第十三章
解放自我，幫助他人

人類以小愛為足，沉睡在那有限的歡愉中，
至今仍未清醒。

——神學家暨科學家德日進（Pierre Teilhard de Chardin）

擺脫舊有的慣性

在父母、教師、神職人員或其他人士的教導下，我們養成了一些無法充分發揮人類潛能的觀念。千百年來，這些有害的觀念代代相傳，有許多已經根深柢固，讓我們無從察覺。美國喜劇演員哈克特（Buddy Hackett）曾經在節目中表示，他從小吃的都是母親烹煮的油膩食物，一直到當兵後他才發現，原來吃飽飯後不一定會出現火燒心的症狀。同樣的，有害的傳統觀念所造成的痛苦，已經成為生命的一部分，以致我們無從意識到它的存在。需要花很大的力氣去覺察，才能認清這些有害的觀念，並將它們轉變成能夠滋養生命的想法和行為。

要達成這樣的轉變，就要有能力辨識自己的需要，並且深入自己的內心。這兩者對生長於我們這種文化當中的人而言都不容易。除了從小沒有人教我們認識自己的需要外，文化也往往不鼓勵我們察覺自己的需要。誠如前文所言，我們現在使用的語言，乃是古代帝王貴族用來統治百姓的工具。這樣的社會並不鼓勵一般民眾覺察自己的需要，而是教導他們要做溫馴的良民，順服權威。我們所受到的文化暗示是：需要是不好的、

有害的。用「需索太多」（needy）這樣的字眼來形容人，等於是在暗示他（她）不夠好或不成熟。當人們表達他們的需要時，經常會被貼上「自私」的標籤。有時，光是使用「我」這個人稱代名詞，就會被視為自私或需索太多的行為。

非暴力溝通鼓勵我們把「觀察」和「評論」分開，認清那些讓我們產生感受的想法或需要，並以清晰的行動語言提出請求。這樣我們就會更有能力在每一個當下察覺那些加諸於身上的文化制約。如果想擺脫這些制約，最關鍵性的步驟便是看清這些制約。

化解內心的衝突

內心的衝突往往會使我們陷入憂鬱的泥淖，但我們可以用非暴力溝通來化解這些衝突。歐內斯特・貝克爾（Ernest Becker）在他的著作《精神醫學革命》（*The Revolution in Psychiatry*）中，將人們憂鬱、沮喪的現象歸因為他們「沒有認知到自己其實有路可走」他的意思是：當我們在內心不斷批判自己，就逐漸和自身的需要疏離，因而無法採取行動來滿足那些需要。因此，當我們感到憂鬱沮喪，就顯示我們和自己的需要疏離了。

有位處於重度憂鬱狀態的女士前來工作坊學習非暴力溝通。我們請她試著辨認她在最憂鬱時內心出現的聲音，並且將它們以對話的形式寫下來，彷彿那些聲音彼此在交談一樣。以下是她所寫的頭兩句話：

我們能夠掙脫文化的制約。

第一個聲音（職業婦女）：「我應該更充分運用我的生命。我正在浪費自己所受的教育和才華。」

第二個聲音（有責任感的母親）：「妳太不切實際了。妳是兩個小孩的媽媽，妳連這個工作都應付不了，還能做什麼呢？」

她內心的訊息，充滿了批判意味的詞語，例如「應該」、「浪費我所受到教育和才華」以及「應付不了」等等。類似這樣的對話，已經在她腦海中進行了好幾個月。後來，我們請她想像她內心的「職業婦女」服下了「非暴力溝通藥丸」，開始用「當……（甲），我感覺……（乙），因為我需要……（丙），因此我想……（丁）」的形式再說一次。

後來，她把：「我應該更充分運用我的生命。我正在浪費自己所受的教育和才華。」這句話轉變為：「**當**我想到我現在花這麼多時間在家裡照顧孩子，沒有從事本行的工作時，**感覺**沮喪而洩氣，**因為我需要**像過去那樣在工作上獲取成就感。**因此，我現在想要**找個兼差的工作，從事我的本行。」

接下來就輪到那個「有責任感的母親」了。她把：「妳太不切實際了。妳是兩個小孩的媽媽，妳**連這個**工作都應付不了，還能做什麼呢？」這句話轉變成：「當我想像自己要去上班時，心裡**感覺**很害怕，**因為我需要**孩子們能受到很好的照顧。**因此，現在我要**開始規劃，如何在自己上班的時間讓孩子得到妥善的照顧，以及如何在自己不累的時候，撥出足夠的時間陪伴孩子。」

若能覺察並同理自己的感受和需要，就可以免於憂鬱。

這位女士在將內心的訊息轉化為非暴力溝通的語言後，頓時有如釋重負的感覺，因為這讓她得以明白那些訊息背後隱藏的感受和需要，並同理自己的處境。儘管在現實生活中，她仍舊面臨若干挑戰，例如：找到好的保姆或託育機構，並且得到丈夫的支持，但她已經明白了自己的需要，不再一味自我批判了。

照顧我們的內在環境

當我們滿腦子都是批評、指責的想法，並且一肚子氣時，就很難為自己建立一個健康的內在環境。非暴力溝通鼓勵我們把心思放在自己真正需要的事物上，而非自己或他人的問題，讓我們的心態得以變得較為平和寧靜。

有次，一位學員告訴我們：她在工作坊的三天課程中有了重大的突破。她說她之所以前來上課，是想要學習好好照顧自己。但第二天早上她醒來時頭痛得很厲害。「通常在這種情況下，我就會立刻開始分析自己是哪裡做錯了。是不是昨天吃了什麼不對勁的食物？還是我給自己的壓力太大了？是因為我做了這個？還是因為我沒做那個？但既然我已經開始嘗試用非暴力溝通來好好照顧自己，所以我就不再這麼做了。相反的，我開始問自己：『我現在需要為自己做些什麼，來緩解頭痛呢？』」

「於是，我便坐起身來，緩緩地轉動脖子，過了好一陣子之後，又站起身來四處走動，並且做些別的事情讓自己舒服點，

要把注意力聚焦於想做的事情，而非我們所犯的錯誤之上。

而非撻伐自己。後來，頭痛便好轉了，讓我能夠把那一天的課程上完。對我來說，這是一個很大很大的突破。當我試著去理解那個頭痛時，我發現前一天並沒有把足夠的注意力放在自己身上，頭痛就是身體在告訴我：『我需要更多的關注。』當我給了自己需要的關注後，就能夠把工作坊的課程上完了。我從小到大一直都有頭痛的毛病，對我來說這是一個很重要的轉捩點。」

在另一個工作坊，有位學員問我：在高速公路開車時要如何用非暴力溝通來讓自己不致發出會激怒他人的訊息。我對這個主題可熟悉了！有好幾年的時間，我因為工作的緣故必須開車來回全國各地。每次開在路上，腦海中總是會掠過一個個具有暴力意味的念頭，讓我心神疲憊。在我心目中，那些不按照我的標準開車的人通通都是惡棍，都在跟我作對。我經常在心裡嘀咕著：「那傢伙是怎麼回事？他開車時到底有沒有在看路呀？」由於這種心態，我每每很想給那些駕駛人一點教訓，但又無法這麼做，於是那些怒氣便積存在體內，對我造成了傷害。

後來，我學會把批判轉譯為感受和需要，試著同理自己：「老天，看到別人那樣子開車，我簡直嚇壞了。我真希望他們能夠明白那樣做有多麼危險！」結果我很驚訝地發現：光是這樣覺察自己的感受和需要，不去責備他人，我就比較能夠放鬆了。

後來，我決定要試著同理那些駕駛人。第一次練習的結果就讓我很滿意。當時的情況是：我開在馬路上時，被一輛汽

> 我們可以用察覺自己的感受和需要的方式，來幫助自己減輕壓力。
> 同理他人有助於減輕壓力。

車擋住了。它的速度不僅遠低於速限,而且開到每一個路口都會減速。我簡直氣壞了,心裡一直嘀咕著:「哪有人這樣開車的?」但後來我注意到我已經給自己造成了一些壓力,於是便開始揣測對方的感受和需要。此時,我意識到那人似乎迷路了,感覺很茫然,希望後面的駕駛能有點耐心。當路面變得比較寬闊,使我得以從那輛車子旁邊開過去時,我發現那位駕駛是一名女性,看起來已經有八十幾歲了。她的臉上滿是驚惶的神情。這時,我開始慶幸自己因為練習同理的緣故,沒有對她大聲按喇叭,也沒有像平常遇到討厭的駕駛時那般顯露自己的不悅。

以非暴力溝通取代分析

許多年前,當我已經花了九年的時間攻讀心理治療課程並接受相關的訓練,拿到了必要的文憑,取得心理治療師的資格後,在一次偶然的機會裡,聽到了以色列哲學家馬丁·布伯和美國心理學家卡爾·羅吉斯的對話。當時,布伯正在美國訪問。他應邀前往一座精神病院,當著一群精神科醫師的面和羅吉斯對談。

在這場對談中,布伯質疑心理治療師是否真的能夠治療病人的心理問題。他的理論是:當兩個人面對面時,如果能夠真誠地坦露自己的軟弱之處——他稱這種關係為「我與你的關係」(I-Thou relationship)——就能夠有所成長。但他不相信這種真實的關係有可能存在於心理治療師與病人之間。羅吉斯同意布伯的看法,認為人若要成長,就必須要能夠如實地表達自己,但他堅信開明的心理治療師能夠超越自己的角色,和客戶坦誠相見。

布伯對此存疑。他認為即便心理治療師願意坦誠對待病人，而且也能做到，但只要病人仍以「病人」自居，並將他視為「心理治療師」，這樣的關係就不可能存在。布伯並指出，病人就診時，要先約好時間，再前往醫師的診間，付錢讓自己「得到治療」。光是這個過程就不太可能讓醫師與病人之間發展出真實的關係。

這段對話解開了我長久以來的疑惑。我所學到的心理分析治療理論告訴我：心理醫師在治療病人時，必須保持一種超然的態度。對心理治療師而言，這是一個不容違反的神聖原則。如果一個治療師把自己的感受和需要帶進治療過程中，通常會被視為一種病態的行為。稱職的心理治療師應該在治療過程中保持超然的地位，讓自己成為病人投射想法與情感的一面鏡子，再設法逐步幫助病人解決問題。我明白相關的理論，知道學者為何會主張心理治療師不應該在治療過程中坦露自己的內心，以免在處理自己內心的衝突時損及病人的權益。然而，我一直很難做到這一點。不僅如此，我甚至相信心理治療師把自己的感受與需要帶進治療過程中，對病人是有好處的。

因此，我開始做實驗，試著以非暴力溝通的語言來取代看診的語言。我不再用我所學到的人格理論來解讀病人的話語，而是全心全意地聆聽他們說話並且同理他們。我不再診斷他們得了什麼病症，而是如實地向他們坦露我的內心。我最初頗為擔心，不知道同事們對此會有何反應。然而，後來我發現這樣做效果很好，無論對病人或我自己都是如此。於是，很快的，

> 我會同理我的病人，而非解讀他們的話語；
> 我會坦露自己的內心，而非診斷他們。

我就不再有任何顧慮。在三十五年後的今天，這樣的概念已經不再被視為異端。但是當年我開始這麼做之後，經常有心理治療師團體請我去演講，並要我示範這種做法。

有次我應邀到一座州立精神病院，對一大群精神科醫師發表演講，說明如何用非暴力溝通來輔導那些遭逢困境的人。講了一個小時之後，他們請我和一個病人面談，以評估她的狀況並提出治療方面的建議。我和那位現年二十九歲、有三個小孩的媽媽談了半個小時。她離開房間後，院裡負責照顧治療她的人，便開始向我提問。她的精神科醫師問我：「盧森堡醫師，請做出你個人的診斷。在你看來，這個女人是否有思覺失調的現象，還是因為吸毒而導致精神錯亂？」

我說我不太喜歡回答這類問題，因為早在當年，我還在一家精神病院實習時，就不太知道應該如何把病人分類，斷定這個人是什麼毛病，那人又是什麼毛病等等。後來我又讀了一些研究報告，發現精神科醫師和心理學家對於那些病症的看法往往並不一致。那些報告的結論是：精神科醫師會對病人做出什麼診斷，往往取決於他們所隸屬的學派，和病人本身的特質較不相關。

接著，我告訴他們，就算醫師所做出的診斷吻合病人的情況，我也不太願意把這些病名套在他們身上，因為我看不出這樣做對病人有何好處。在物理醫學的領域，醫師如果能了解疾病形成的原因，往往就能確定治療的方向，但在精神疾病的領域，情況並非如此。根據我在醫院參加個案研討會的經驗，在這類會議中，醫師們往往會把大部分的時間都用來討論病人到底得了什麼疾病。到了會議必須結束時，負責該個案的精神科醫師可能會籲請其他醫師協助制定治療方案，但他們往往會無

視於他的請求，繼續爭論病人到底得了哪一種病。

我向提問的那位精神科醫師解釋：我的做法並不是去探討病人有什麼問題，而是依據非暴力溝通的原則問自己以下這幾個問題：「這個人有什麼感受？他（或她）需要什麼？我面對這個人時有何感受？這些感受是源自什麼需要？我會請求這個人採取什麼行動或做出什麼決定，以便讓他過得比較快樂？」由於對這些問題的回應會透露出我們的內心世界和價值觀，因此，這時我們的不安全感會遠高於診斷病人得了什麼病。

在另一個場合中，有人請我示範如何教導那些慢性思覺失調症患者運用非暴力溝通。在有大約八十位心理學家、精神科醫師、社工和護士現場觀摩的情況下，有十五位慢性思覺失調症的患者被請上講台。當我向他們自我介紹並說明非暴力溝通的宗旨時，有位病人的反應似乎和我當時所說的內容無關。由於我知道他是慢性思覺失調症患者，因此身為醫師的我便下意識地認定他之所以如此，是因為他腦筋不太清楚，於是我便對他說：「你似乎不太明白我的意思。」

這時，另外一位病人插嘴道：「我知道他在說什麼。」便開始解釋那位病人的話和我之前的介紹有什麼關聯。這時，我才發現：不是那人的腦筋不太清楚，而是我自己沒有領悟其中的關聯。這件事讓我有些沮喪，因為我居然如此輕易地把我們之間的溝通障礙歸咎於他。我真希望當時能夠坦白說出自己的感受，例如：「我不太明白你的意思。我希望我知道你的回應和我剛才所說的話有什麼關聯，但我並不知道。你是否願意說明呢？」

除了這個小小的插曲之外，這堂為病人上的課可說頗為成功。那些病人的反應讓醫院裡的醫護人員印象深刻。他們問我

是否認為他們是一群非常合作的病人。我回答說：當我不試圖診斷、分析別人，而是與他們和自己的內心世界保持連結時，他們通常都會有正面的反應。

後來，院方請我再上一堂類似的課，讓在場的一些心理學家和精神科醫師也能體驗非暴力溝通。於是台上的那些病患便和台下幾位志願參與的心理學家和精神科醫師交換了座位。在課堂上，儘管我再三說明，但有一位精神科醫師還是不明白「頭腦的理解」和「非暴力溝通的同理」有何不同。每當小組裡有人表達自己的感受時，他總是會分析這些感受後面的心理動力，並未同理這些感受。當這樣的狀況發生了三次後，坐在台下的一位病患突然大喊：「你又來了！難道你自己都沒有發現嗎？你是在詮釋她所說的話，並沒有同理她的感受。」

我們在輔導他人時，不需要像心理醫師那樣，和對方保持情感上的距離，也不需要分析、診斷他們的問題或擺出一副高高在上的姿態。相反的，我們可以運用非暴力溝通的技巧和覺察，真誠、坦率地與他們互動。

總結

非暴力溝通可以幫助我們將內心的負面訊息轉化為感受和需要，藉此增進內在的溝通。我們如果能夠辨識自己的感受與需要，並且加以同理，就不致陷入憂鬱的泥淖。非暴力溝通會讓我們聚焦於自己真正想要的事物，而非別人或自己的毛病，從而讓我們的心境得以變得較為平和。專業的諮商工作者和心理治療師也可以用非暴力溝通來和客戶建立真誠的關係。

非暴力溝通應用實例

處理怨氣和對自己的批判

以下是一個非暴力溝通學員的故事。

有一回我參加了非暴力溝通的宿營課程（那是我第一次參加這種課程），回家後，發現兩年沒見的朋友艾瑞思已經在那兒等著我了。二十五年來，艾瑞思一直在一所小學擔任圖書管理員。我之所以會認識她，是因為我們同時參加了科羅拉多州一項為期兩週、非常密集的荒野心靈之旅（其中的最後一個節目，是在洛磯山脈裡獨自進行三天的斷食活動）。她聽我熱烈描述非暴力溝通的課程後，便告訴我，她至今仍然因為六年前荒野之旅的一個領隊對她說的話而感到難過。那個領隊給我的印象非常深刻：她的名字叫黎芙，是個很豪放的女子，手掌心上有好幾道被繩子割傷的痕跡。攀岩途中，我們的身子在岩壁邊晃蕩時，她會把我們抓穩。此外，她還會觀察動物的糞便，在黑暗中長嚎。高興時，她會跳舞，傷心時，則會哭泣。活動結束那一天，我們在巴士上向她揮別時，她甚至對著我們露出了屁股。艾瑞思說黎芙有一次在和她面談時，針對她的表現做了以下的評論：

「艾瑞思，我真是受不了你們這種人。不管什麼時候、在什麼地方，妳都表現得這麼乖巧可愛，十足是個溫順的小圖書館員。妳為什麼不換個角色，做些改變呢？」

這六年來，艾瑞思不時想到黎芙的這些話，想像自己應該怎麼回答。我們兩人都很想看看是否可以用非暴力溝通來改變這個狀況。於是我便扮演黎芙，對艾瑞思說了當年那些話。

艾瑞思：（忘了非暴力溝通的原則，認為黎芙在批評她、貶低她）妳沒有權利對我說這些話。妳根本不認識我，也不知道我是個什麼樣的圖書管理員！我工作是很認真的，而且我告訴妳：我自認是一個教育工作者，就像老師一樣……

我：（把自己當成黎芙，帶著非暴力溝通的覺察，懷著同理心聆聽）聽起來妳似乎很生氣，因為妳希望我能先了解妳真正的模樣再批評妳，對嗎？

艾瑞思：沒錯！妳根本不知道我得鼓起多大的勇氣才敢報名參加這次健行活動……妳看！我不是走完了嗎？這十四天裡我接受了所有的挑戰而且也都一一克服了，不是嗎？

我：妳是不是覺得很委屈，希望妳的勇氣和努力能夠得到一些肯定與欣賞？

　　經過一番對話後，艾瑞思有了一些轉變。當人感覺自己所說的話已經被充分理解後，他（她）的身體往往會出現這類轉變。比方說，他（她）可能會放鬆下來，並且深吸一口氣。這樣的舉動往往顯示他（她）已經得到足夠的同理，因此不再需要訴苦，可以把注意力轉移到其他事

物上了。此時，他們或許就可以開始聆聽別人的感受和需要。但有時他們可能還有其他痛苦，需要繼續被同理。就艾瑞思的例子而言，我可以看出她還有別的心事（因為她六年來一直責怪自己當初沒有馬上出言還擊）。或許要等到她把這件心事說出來之後，她才能夠去聆聽黎芙話裡的訊息。果然，她接著立刻說道：

艾瑞思：可惡！六年前我早該這麼跟她說的！

我：（以我自己——一個充滿同理心的朋友——的身分）妳是不是覺得蠻挫折的，因為妳希望當初能夠說得清楚一些？

艾瑞思：我覺得自己真是個白癡！我知道我不是一個「溫順的小圖書館員」，但當時我怎麼沒有告訴她呢？

我：所以妳希望當時能更碰觸到自己的內心，讓妳能夠把那些話說出口？

艾瑞思：是啊。另外，我也很氣自己！真希望我當時沒有任她擺布。

我：妳希望能更勇於說出自己內心的看法。

艾瑞思：沒錯。我要記住一點：我有權利為自己挺身而出。

　　艾瑞思沉默了幾秒鐘之後就表示她現在已經做好準備，可以依照非暴力溝通的原則，以另外一種方式來聆聽黎芙所說的話了。

我：（以黎芙的身分）艾瑞思，我真是受不了你們這種人。不管什麼時候、在什麼地方，妳都表現得這麼乖巧可愛，十足是個溫順的小圖書館員。妳為什麼不換個角色，做些改變呢？

艾瑞思：（試著聆聽黎芙的感受、需要以及請求）喔，黎芙，聽起來妳好像覺得很挫折……因為我……

　　艾瑞思之所以沒有往下說，是因為她意識到自己犯了一個很常見的錯誤。當她用「我」這個字眼時，就表示黎芙的感受是因她而起的，而非源自黎芙本身的某個需要。換言之，不是：「妳感到挫折是因為我的某些表現。」而是：「妳之所以感到挫折，是因為妳希望我有不一樣的表現。」

艾瑞思：（再試一次）好的，黎芙，聽起來妳好像真的很挫折，因為妳希望……嗯……妳希望……

　　由於我在扮演黎芙時，很認真地揣摩她的感受，因此這時我突然意識到她想要什麼了：

我：（以黎芙的身分）和妳連結！……那就是我想要的！艾瑞思，我希望能感受到我和妳的連結！但妳總是表現得那麼乖巧可人，讓我無法和妳建立連結，所以我才會感到很挫折。我只希望把妳這個面具扯下來，讓我能夠真正碰觸到妳的內心！

此話一出，我們兩人都愣了一下，接著艾瑞思便說道：「如果我早知道她要的是這個，如果她當時告訴我她想和我建立真正的連結……天哪，我的意思是，這些話聽起來幾乎充滿了愛意。」儘管艾瑞思後來並未去找黎芙求證她是否真的有這個意思，但經過這次非暴力溝通的練習後，她的內心已經不再對那件事耿耿於懷。當她身邊的人對她說了一些從前可能會被她當成「貶低」她的話時，她也比較能夠以另外一種心態來傾聽了。

第十四章

以非暴力溝通表達讚賞與感激

……愈懂得感恩，就愈不會為怨恨、憂鬱和絕望所苦。感恩是萬靈的丹藥，會逐漸融化你的自我（占有欲和掌控欲）的硬殼，讓你變成一個慷慨的人。感恩之心是真正的靈性煉金術，能讓我們變得寬厚仁慈。

——哲學家山姆・基恩（Sam Keen）

讚賞與感激背後的意圖

「你那份報告做得很好。」

「你是一個很體貼的人。」

「你昨天晚上說要開車送我回家，真是太好心了。」

這類用來表達讚賞與感謝的話語是一種悖離生命的溝通。或許你會很驚訝：我怎麼會把讚美和恭維視為悖離生命的溝通呢？但是，請注意：說話者在以這種形式表達讚賞時，並未透露自身的心境，而是以裁判者自居。我把所有的評論——無論是正向的或負面的——都稱為「悖離生命的溝通」。

在為企業行號舉辦訓練課程時，經常會有經理人告訴我，他們並不認為讚美、表揚員工有什麼不對，並宣稱這種做法「挺管用的」。他們指出：「研究結果顯示：如果員工受到表揚，就會更努力工作。在學校裡也是一樣。如果老師讚美學生，他們

> 恭維他人也是一種判斷。

就會更認真念書。」我也看了這份研究報告，但我認為得到讚美的人雖然會因此而更努力工作，但效果並不長久。一旦他們發現你是想透過這種方式操控他們，他們的生產力就會開始下滑。不過，我最關切的一點是：當人們開始意識到你的欣賞與讚美別有意圖，它就不再如此美好了。

更何況，當我們嘗試運用正向的回饋來影響他人時，並不能確定對方會有什麼反應。有一幅漫畫的內容是這樣的：有一位美國原住民告訴他的朋友：「你看我怎麼把現代心理學的技巧用在我的馬兒身上！」然後他便帶著後者走到那隻馬可以聽到的地方，大聲說道：「我擁有整個西部跑得最快、最勇敢的馬！」這時只見那馬兒臉上露出了悲傷的神情，自言自語地說道：「這下可好了！他又去買了一匹馬！」

當我們用非暴力溝通來表達對他人的讚賞與感激時，目的純粹是要彰顯他人的作為，而非獲取任何回報。我們唯一的意圖就是要彰顯他人的作為如何使我們的生命變得更豐盛。

表達讚賞與感激的三個要素

根據非暴力溝通的原則，我們對他人所表達的讚賞或感謝應該包括三個要素：

一、他人的何種行動增進了我們的福祉。

二、我們有什麼需要因此得到了滿足。

三、我們在那些需要被滿足後，產生了什麼樣的愉悅感受。

向他人表達賞識與感激之意是為了要彰顯他們，而非操控他們。

在表達這三個要素時，不見得要依照以上的順序。事實上，有時只要一個微笑或簡單的一句「謝謝」就足以傳達這三個要素。不過，若要確保對方能夠充分接收到我們的心意，最好能夠學習如何用語言來表達這三個要素。以下這段對話顯示，在讚美別人時，可以如何以這三個要素來表達我們對他們的讚賞與感激。

學員：（在工作坊結束後來找我）馬歇爾，你真是太棒了。
盧森堡：我想知道妳為什麼這麼欣賞我，但從妳的話裡我實在聽不出來。
學員：呃，你的意思是？
盧森堡：我這輩子聽過人們以各式各樣的語言形容我，但我不記得我因此而學到了什麼。我想知道妳為什麼這麼欣賞我，也希望我能因此而感到開心，但我需要妳提供更多的資訊。
學員：比如說什麼？
盧森堡：首先，我想知道我說了什麼話或做了什麼事讓妳的生活變得更好。
學員：呃，你很有見地。
盧森堡：這話恐怕還是在評論我。我還是很納悶，我到底做了什麼，讓妳的生活變得更加美好。
學員：（想了一會兒之後便指著她剛才在課堂上所做的筆記）你看這兩個地方。就是你說的那兩句話。

> 用非暴力溝通的方式表達「感謝」：「你所做的⋯⋯，我感受到⋯⋯，我的⋯⋯需要得到滿足。」

盧森堡：原來如此，這麼說，妳欣賞的是我所說的那兩句話。

學員：是的。

盧森堡：接下來，我想知道我說的那兩句話讓妳有什麼感覺。

學員：充滿希望，也鬆了一口氣。

盧森堡：現在我想知道的是，我所說的那兩句話，滿足了妳的哪些需要。

學員：我有一個兒子，今年十八歲，我一直無法和他溝通，因此很希望得到一些指引，讓我能用更溫柔的方式和他相處，而你說的那兩句話正是我一直在尋求的指引。

　　在聽到這三種訊息（我做了什麼、她有何感受以及她有哪些需要被滿足了）後，我便可以和她一起開心地慶祝了。如果她一開始就用非暴力溝通的語言來表達她對我的欣賞，她可以這麼說：「馬歇爾，你說了那兩句話（把她做的筆記拿給我看）之後，我覺得心裡充滿了希望，也鬆了一口氣，因為我一直在找一個方法和我的兒子連結，而那兩句話正好給了我一些指引。」

當別人對你表示讚賞與感激時

　　對於許多人來說，要優雅地接受別人的讚賞與感激是很困難的。我們總是擔心自己是否值得他們的讚賞與感激，也擔心他們會對我們有什麼期待，尤其是當師長或主管以讚賞與感激來作為促進生產力的工具時。有時，我們也會擔心自己並不值

得這份讚賞與感激。在我們的文化中，人與人之間的交流總是帶有許多條件，因此我們並不習慣單純地給予和接受。

非暴力溝通的理念是：在受到讚賞與感激時，要像聆聽其他的訊息一樣，運用同理心，設法了解對方因我們的哪些行為而受益、他們有什麼感受以及他們有哪些需要得到了滿足，並因為自己能提升他人的生活品質而感到歡喜。

我從我的朋友納非茲・阿賽雷（Nafez Assailey）身上學會如何優雅地接納別人的讚賞與感激。他是我邀請前來瑞士接受非暴力溝通訓練的巴勒斯坦小組成員之一。當時，由於安全措施極為嚴格，無論在以色列或巴勒斯坦我們都無法讓以、巴學員一起上課，於是我便邀請他們前來瑞士受訓。工作坊結束那一天，阿賽雷前來找我，對我說道：「這種訓練對我們以後在國內推動和平會很有幫助。因此，我想用伊斯蘭信仰中蘇菲派表達特別讚賞與感激的方式感謝你。」說著他便用一根大拇指勾住我的大拇指，並注視著我的眼睛說：「我親吻你內心那位讓你得以為我們如此付出的神祇。」接著他便親了一下我的手。

阿賽雷表達感謝的方式，讓我明白我們可以用另一種方式回應別人的讚賞與感激。一般人在聽到別人的讚賞與感激時，通常都有兩種極端的反應：一個是表現得過於自負，認為自己很了不起。另一種則是故作謙虛，以滿不在乎的方式（「喔，這沒什麼啦！」）否定這份讚賞與感激的價值。阿賽雷讓我明白：上帝賦予每個人力量，讓我們可以豐富他人的生命，因此我可以懷著喜悅的心情接受別人的讚賞與感激。如果我明白我之所

聽到別人的讚賞與感激，不要自覺優越，也不要故作謙虛。

以有能力豐富他人的生命，是因為上帝賜予我力量，透過我來做工，我就不會掉入過於自負或故作謙虛的陷阱。

梅爾夫人（Golda Meir）在擔任以色列總理時，曾經訓斥手下的一位部長：「你不要這麼謙虛，因為你並沒有那麼了不起。」當代作家瑪莉安・威廉森（Marianne Williamson）所說的這段話，也提醒我要避免掉入故作謙虛的陷阱：

> 我們最怕的不是自己不夠好，
> 而是自己所擁有的強大能力。
> 讓我們恐懼的不是自身的幽暗，
> 而是我們的光芒。
> 你是神的孩子。
> 縮小自己，對這個世界並無益處。
> 為了讓身邊的人不受威脅而縮小自己，
> 乃是無明之舉。
> 我們生來就是要彰顯內在的神性之光。
> 這樣的神性人人皆有，並不限於少數人。
> 當我們容許自身發光時，自然就能影響別人，
> 讓他們也能綻放屬於自己的光芒。
> 當我們能夠掙脫自己的恐懼時，
> 自然就能影響別人，讓他們也能得到解放。

人們對讚賞和感激的渴望

說來矛盾，儘管我們在受到讚賞與感激時會感到不太自在，但大多數人卻很渴望能得到真誠的讚賞和感謝。有次，一

個認識了十二年的朋友，為我舉辦一個驚喜派對。為了讓與會的賓客能夠彼此認識，他提議玩個遊戲：每個人分別在紙上寫下一個問題，投入箱子裡，然後大家輪流抽籤，抽到什麼問題就必須當眾回答。

由於前不久我在一些社福機構和企業組織擔任顧問時，經常聽到人們提及他們有多麼渴望自己在工作上的表現能得到讚賞與感激（他們往往會嘆一口氣說道：「無論你工作多麼努力，都沒有人會說你一句好話。但只要你不小心犯了一個錯誤，一定馬上就有人過來攻擊你。」），因此在這個遊戲中，我便寫下了這樣一個問題：「如果有人讚賞與感激你，什麼樣的讚賞與感激會讓你高興得跳起來？」

一位女士抽到了這個問題，看完之後，便當場哭了起來。她說她是一個受暴婦女庇護所的主任，每個月都投注許多心思和力氣設計各種活動，希望盡可能讓大家都滿意，但每次她公布活動時間表時，總會有兩、三個人提出抱怨。她甚至不記得有誰曾感謝她所做的努力。她看到我寫下的那個問題時，腦海中突然浮現這些事情，又想到她是多麼渴望受到讚賞和感激，便忍不住淚水盈眶。

聽完這位女士的話之後，另一個朋友說他也想回答這個問題，而後其他人也都陸續跟進。於是他們便輪流說出他們對這個問題的答案。在這個過程中，有好幾個人都流下眼淚。

儘管人們身在職場時會特別渴望得到讚賞與感激（是真誠的，而非操控式的），但對家人何嘗不也是如此。有一天晚上，

> 我們所注意的往往是那些做不好的事，而非做得好的事。

當我提醒兒子布萊特忘了做家事時，他對我說道：「爸，你有沒有注意到，你總是說我們哪裡沒做好，但卻幾乎從來沒說過我們哪裡做得好？」我一直把這句話放在心裡。因此發現自己總是試圖找出需要改進之處，卻鮮少停下來去讚美別人做得好的地方。在此之前，我才剛帶完一個工作坊。來上課的一百多位學員對這次課程的評論都很高，唯獨有一個人例外，但後來我心裡念念不忘的卻是那個人的不滿。

於是，那天晚上我便寫了一首歌，前面幾句歌詞是這樣的：

> 無論做什麼，
> 就算我有百分之九十八都做得很好，
> 但事後我記得的，
> 卻總是那被我搞砸的百分之二。

寫完後，我突然想到我可以採用一位老師的觀點來看待事情：這位老師有一個學生，因為考前疏於準備，在應試當天只好交出了一張白卷，試卷上空空如也，只寫著他自己的名字。老師把試卷發回後，他發現自己竟然考了十四分。他非常驚訝，便問那位老師：「我哪裡可以拿到這十四分呢？」結果老師回答：「因為你的考卷很整潔。」自從兒子布萊特給了我這一記當頭棒喝之後，我便開始更認真地覺察身邊的人做了哪些讓我的生命更加美好的事，並練習表達我的謝意。

當你不情願表達謝意時

約翰・包威爾（John Powell）的著作《讓愛永存的祕訣》（*The Secret of Staying in Love*）當中有一個段落讓我深受感動。他說父

親還在世時，他一直無法向他表達內心的謝意。為此，他深感悲傷。在我看來，沒有把握機會及時向自己生命中的重要人物表達謝意，確實是一件很令人遺憾的事情！

這時，一位叔叔的身影立刻浮現在我腦海。他名叫朱利葉斯·福克斯（Julius Fox）。當我還小時，他每天都會到家裡來照顧我那位已經全身癱瘓的奶奶。不僅如此，他在服事她時，臉上總是帶著溫暖的笑容，充滿愛意。無論那些工作在幼小的我眼中是多麼令人不快，他總是欣然為之，彷彿能照顧她是他的莫大榮幸。對我來說，這是一個很好的示範，讓我明白何謂男性的力量。直到今天，我仍然經常想到叔叔當年的身教。

如今他已生病，不久於人世，我發現自己從未向他表達過謝意。當我考慮是否該這麼做時，意識到自己有些抗拒：「我相信他已經知道他對我有多麼重要了，所以並不一定要將它說出來；更何況，我如果真的說出來了，可能會讓他覺得很尷尬。」然而，當腦海中浮現這些想法時，我馬上知道它們都不是事實，因為之前我經常以為別人知道我有多麼感謝他們，但後來才發現事實並非如此。況且，他們縱使會感到尷尬，還是會想聽到別人對他們表達謝意。

儘管如此，我還是有些猶豫，並且告訴自己：言語並不足以表達我對他的感激之情。但很快的，我就醒悟了：沒錯，言語或許不足以充分傳達我們的心意，但「值得去做的事情就應該去做，就算做得不好也沒有關係！」

過不久，我們舉辦了一次家庭聚會。當我坐在朱利葉斯叔叔身旁時，自然而然地就把我心裡的話說出來了。他聽了非常高興，一點兒也不覺得尷尬。那天晚上，我的心情澎湃洶湧，回到家後便寫了一首詩寄給他。三個星期之後，他便過世了。

有人告訴我，他去世前，每天都要人把那首詩念給他聽呢。

總結

　　傳統的讚美方式無論聽起來多麼正向，往往是以評論的方式出現，有時甚至會被用來操控別人。非暴力溝通的理念則是：當我們向他人表達謝意時，唯一的目的應該是頌揚對方。在向他人致謝時，我們說明：一、對方做了什麼對我們有益的事；二、我們有哪些需要得到了滿足；三、我們因此而產生了什麼樣的愉悅感受。

　　當別人以這樣的方式讚賞與感激我們時，我們就不會覺得自己有多麼了不起，也不會言不由衷地謙虛一番，而是可以和對方一同慶祝。

後記

　　有次，我問朱利葉斯叔叔何以會如此樂善好施。他聽了之後似乎頗引以為榮。思索一會兒之後，他答道：「那是因為我有幸能遇到一些好老師。」當我問他那些老師是什麼人時，他說：「你的奶奶就是最好的老師。你和她住在一起的時候，她已經生病了，所以你沒有見識到她的真性情。比方說，你的媽媽有沒有提過在經濟大恐慌的時期，奶奶因為一個裁縫失去了房子、店鋪也關門了，就把他和他的太太以及兩個孩子接來家裡住？」這件事我記得很清楚。當初我聽母親提及此事時，印象就很深刻，因為那個時候奶奶自己有九個孩子，房子也不大，我實在無法想像家裡怎麼還有空間容納裁縫一家人！

　　後來，叔叔又告訴我奶奶的一些善行。那些都是我小時候聽過的事。接著他又問我：「你母親應該告訴過你有關耶穌的事吧？」

　　「有關誰？」

　　「耶穌。」

　　「沒有，她從來沒有告訴過我有關耶穌的事。」

　　有關耶穌的故事是朱利葉斯叔叔過世前給我的最後一個珍貴的禮物。那是一個真實的故事。有一天，一名男子來到奶奶家的後門要飯。這樣的事情並不罕見，因為當時奶奶雖然很窮，但所有的鄰居都知道只要有人上門來要飯，她一定會給他們東西吃。這名男子留著鬍鬚，有一頭蓬亂的黑髮，身上的衣服襤褸不堪，脖子上則戴著一個用繩子和樹枝綁成的十字架。

奶奶請他進入廚房吃點東西，並且在他進食的時候問起他的姓名。

「我名叫耶穌。」他答道。

「那你姓什麼呢？」奶奶又問。

「我是主耶穌。」（奶奶當時不太會講英語。後來我聽另外一位叔叔以西鐸說：那天他走進廚房時，那名男子還在吃東西。奶奶向他介紹這個陌生人，說他是「主先生」。）

後來，奶奶又問他住在哪裡。

「我沒有家。」

「那你今晚要待在哪兒呢？天氣很冷呢！」

「我不知道。」

「那你要不要在這兒住一個晚上？」她問。

結果那人一住就是七年。

奶奶天生就是非暴力溝通的高手。她當時心裡想的並非這個男子是「什麼樣的人」，否則她可能會把他當成瘋子，然後就把他打發走了。不，她想的是別人的感受和需要。如果他們餓了，她就拿東西給他們吃。如果他們無家可歸，她就讓他們有地方可以睡覺。

奶奶喜歡跳舞。我的母親還記得她常說：「能夠跳舞的時候，千萬不要走路。」因此，我要以一首關於我奶奶的歌作為這本書的結尾，因為她終其一生都說著非暴力溝通的語言，也實踐了非暴力溝通的原則。

> 有一天，一個名叫耶穌的男人
> 來到我奶奶的門口。
> 他請她施捨一些食物，

但她給得更多。

他說他是主耶穌；
她並沒有去查他的身分。
他待了好多年，
就像其他許多無家可歸的人。

她用她那猶太人的方法，
教導我耶穌所說的道理。
她用她那可貴的方式，
讓我明白了耶穌的訓示。
那就是：「讓飢餓的人得著食物，
讓病痛之人能得治癒，
然後好好休息。
能跳舞的時候，千萬別走路。
讓你的家成為一個溫暖舒適的窩。」

她用她那猶太人的方法，
教導我耶穌所說的道理。
她用她那可貴的方式，
讓我明白了耶穌的訓示。
　　　　——馬歇爾‧盧森堡，〈奶奶和耶穌〉

資源

非暴力溝通的四個步驟

一、清楚地表達自己，而不指責或批評

1. 觀察

我觀察到的（看到、聽到、想起、想像，未帶有我的評論的）有助於或無助於我的幸福的具體行為：

「當我（看到、聽到）……」

2. 感受

對於我觀察到的行為，我有什麼樣的感受（情緒或感受，而非想法）：

「我感到……」

3. 需要

因著我的什麼需要或價值觀（而非偏好或某個具體行為），導致我有那樣的感受：

「因為我需要／看重……」

清楚地提出請求（而非要求），什麼樣的具體行為，能豐富**我**的生命。

4. 請求

我請求的具體行動：

「你是否願意……？」

二、以同理心傾聽對方，而不解讀為指責或批評

1. 觀察

對方所觀察到的（看到、聽到、想起、想像，未帶有我的評論的）有助於或無助於他的幸福的具體行為：

「當你（看到、聽到）……」

（有時並非以言語表達對他人的同理）

2. 感受

對於你觀察到的行為，你有什麼樣的感受（情緒或感受，而非想法）：

「你感到……」

3. 需要

因著你的什麼需要或價值觀（而非偏好或某個具體行為），導致你有那樣的感受：

「因為你需要／看重……」

以同理心傾聽對方的請求（而非要求），什麼樣的具體行為，能豐富你的生命。

4. 請求

關切地傾聽那些豐富對方生命的具體請求，而不解讀為命令：

「所以，你希望……」

（有時並非以言語表達對他人的同理）

我們都有的一些基本感受

當我們的需要得到滿足時的感受：

驚奇	滿足	歡樂	受到激勵
舒服	高興	感動	驚喜
有信心	滿懷希望	樂觀	感恩
熱切	受啟發	自豪	觸動
生氣蓬勃	受吸引	如釋重負	信任

當我們的需要沒有得到滿足時的感受：

生氣	洩氣	無望	受不了
不快	不安	不耐煩	茫然
擔心	尷尬	心煩	不情願
困惑	挫折	寂寞	悲傷
失望	無助	緊張	不舒服

我們都有的一些基本需要

自主：

能選擇夢想、目標和價值觀
能選擇如何實現自己的夢想、目標與價值觀

慶祝：

慶祝生命的創造與夢想的實現
紀念人生中的失落：親人的死亡和夢想的破滅等等（哀悼）

內外一致：
　　真誠　創造力　意義　自我價值

相互依存：
　　接納　讚賞感激　親密關係　社群　體貼
　　對生命有所貢獻　情感安全　同理　誠實（讓我們得以坦
　　承自己的局限並設法超越）　愛　安心感　尊重　支持
　　信任　理解

玩耍：
　　樂趣　歡笑

精神上的交流：
　　美　和諧　靈感　秩序　和平

身體上的滋養：
　　空氣　食物　移動、運動　免於其他生物（病毒、細菌、
　　昆蟲、猛獸）的侵害　休息　性表達　棲身之所　觸摸
　　水

光啟文化出版之非暴力溝通相關書籍

《非暴力溝通：愛的語言》
（全新增訂版）
Nonviolent Communication: A Language of Life(3rd Edition)
馬歇爾・盧森堡（Marshall B. Rosenberg, Ph.D.）著

清楚解說非暴力溝通的完整流程：觀察、感受、需要、請求。是學習非暴力溝通法的基礎，建議搭配《愛的語言練習本》使用。

《愛的語言練習本——非暴力溝通實作手冊 個人、團體或教室適用》
Nonviolent Communication Companion Workbook: A Practical Guide for Individual, Group, or Classroom Study
呂靖安（Lucy Leu）著

本書根據《愛的語言》，安排十三週的練習，幫助使用者熟悉觀察、感受、需要、請求。適合個人、團體或有心傳授非暴力溝通的教師使用。

《面對怒氣十步驟》
What's Making You Angry?
雪莉・克蓮・尼爾・吉普森
（Shari Klein & Neill Gibson）
合著

作者提供按部就班的途徑，幫助你我轉化怒氣，打造雙贏的健康關係。

《如何化解衝突》
We Can Work It Out——Resolving Conflicts Peacefully and Powerfully
馬歇爾・盧森堡著

運用非暴力溝通，為雙方建立關懷、尊重與合作的橋樑。

《治癒痛苦並和好》
Getting Past the Pain Between Us
馬歇爾・盧森堡著

本書提供簡單步驟，幫助我們跨越創傷與痛苦，治癒痛苦並和好。

《這樣說話，你我都是大贏家》
Speak Peace in a World of Conflict : What You Say Next Will Change Your World
馬歇爾・盧森堡著

藉著在世上最暴力的角落調解衝突和治癒人際關係的經驗，以非暴力溝通法，轉化敵對形象、達成有效的社會改革。

《非暴力溝通：
打造優質校園》
*Life-Enriching Education:
Nonviolent Communication
Helps Schools Improve
Performance, Reduce Conflict,
and Enhance Relationships*
馬歇爾·盧森堡著

本書提出一種基本的教育方法，說明老師、學生與行政人員如何應用非暴力溝通，創造非凡的學校，處理當前複雜的校園問題。

《非暴力溝通：
教孩子將心比心》
*Teaching Children
Compassionately:
How Students and Teachers
Can Succeed with Mutual
Understanding*
馬歇爾·盧森堡著

作者以實際例子，說明建立同理心的連結以及感同身受的重要技巧。

《教室裡的幸福魔法：
提升學習力和同理心
的技巧與遊戲》
*The Compassionate Classroom:
Relationship Based Teaching
and Learning*
蘇拉·哈特、
維多利亞·哈德森　合著

本書為你解開學生霸凌他人、抗拒教導的真相，並提供讓學習力與同理心在班級裡滋長的工具與技巧。

《非暴力溝通的翻
轉教室：培養人際
關係的九大能力》
*The No-Fault Classroom:
Tools to Resolve Conflict &
Foster Relationship
Intelligence*
蘇拉·哈特、
維多利亞·哈德森
（Sura Hart & Victoria
Kindle Hodson）合著

作者提供互動式課程、教具材料、合適的腳本，讓教育工作者有效地重建班級秩序與向心力，激發專注的學習氛圍，對於偏遠地區、市區或在家教育等各種教學場域，都具有教學上的參考價值。

職場

《不再各說各話：
非暴力溝通
打造雙贏職場》
*The Empathy Factor: Your
Competitive Advantage for
Personal, Team, and Business
Success*
宮代瑪莉（Marie R.
Miyashiro）著

《這樣說話，
贏得職場好關係》
*Words That Work in
Business*
艾克·拉薩特、
茱莉·史提爾
（Ike Laster &
Julie Stiles）合著

本書分享許多成功企業的案例，說明
「同理對方的溝通」將大幅提升職場
的生產力並促進人與人之間的合作。

曾經擔任過律師的調解人艾克·拉薩
特，以非暴力溝通，幫助我們處理常
見的職場關係議題。

身體

親子

《食物和身體的對話》
*EAT by CHOICE，NOT by
HABIT: Practical Skills for
Creating a Healthy Relationship
With Your Body and Food*
希薇雅·赫斯克維茲
（Sylvia E. Haskvitz,
M.A., R.D.）著

《尊重孩子，
孩子也會尊重你》
*Respectful Parents,
Respectful Kids*
蘇拉·哈特、
維多利亞·哈德森 合著

透過非暴力溝通的練習，幫助我們覺察
飲食習慣中的情緒，引導我們根據自己
的需要，有意識地選擇食物。

父母如果能在家中營造一個讓孩子
相信他們的需求會受到尊重的環境，
這樣便較有可能過著健康且具創造性
的生活。運用書中所提供的方法和工
具，可以大幅改善親子關係的品質。

國家圖書館出版品預行編目資料

非暴力溝通——愛的語言／馬歇爾·盧森堡（Marshall B. Rosenberg）著；
蕭寶森譯. -- 增訂一版. -- 臺北市：光啟文化，2019.08〔民108〕

　　面；　　公分

　　譯自：Nonvarbuunication –A Language of Life, 3rd edition.

　　ISBN　978-957-546-907-8（平裝）

　1.人際傳播 2.溝通技巧 3.同理心

177.1　　　　　　　　　　　　　　　　　　　　　108007659

非 暴 力 溝 通 ── 愛 的 語 言

2009 年 9 月初版
2019 年 8 月增訂一版
2022 年 11 月增訂一版十三刷
◎版權所有·翻版必究◎

著　　者：馬歇爾·盧森堡（Marshall B. Rosenberg）
譯　　者：蕭寶森
執行編輯：劉小河
出 版 者：光啟文化事業
地　　址：台北市（106057）敦化南路一段 233 巷 20 號 A 棟
電　　話：(02) 2740 2022
傳　　真：(02) 2740 1314
郵政劃撥：0768999-1(光啟文化事業)
發 行 者：甘國棟
E－mail：kcg@kcg.org.tw
網　　址：www.kcg.org.tw
承 印 者：中茂分色製版印刷事業股份有限公司
地　　址：新北市中和區立德街 26 巷 17 弄 5 號 3 樓
電　　話：(02) 2225 2627
定　　價：320 元

光啟書號 206163　　ISBN 978-957-546-907-8

本書如有缺頁、破損、裝訂錯誤，請寄回調換。

欲了解有關非暴力溝通的更多信息，請與非暴力溝通中心聯繫，地址如下：
Center for Nonviolent Communication (CNVC)
9301 Indian School Rd., NE, Suite 204
Albuquerque NM 87112-2861 USA
Ph: 505-244-4041 - US Only: 800-255-7696 - Fax: 505-247-0414
Email: cnvc@CNVC.org　　Website: www.CNVC.org